Anton Raphael Mengs, Johann Caspar Fuessli

Gedanken über die Schönheit und über den Geschmak in der Malerey

Anton Raphael Mengs, Johann Caspar Fuessli

Gedanken über die Schönheit und über den Geschmak in der Malerey

ISBN/EAN: 9783744627344

Hergestellt in Europa, USA, Kanada, Australien, Japan

Cover: Foto ©Thomas Meinert / pixelio.de

Weitere Bücher finden Sie auf **www.hansebooks.com**

Nr. 53.   Anton Rafael Mengs.
Selbstbildnis.

R. Raph. Mengs

Gedanken

über die Schönheit

und

über den Geschmak

in der

Malerey.

Zürich,
bey Orell, Geßner, Füeßlin u. Comp. 1774.

Herrn

Joh. Winkelmann

gewidmet

von dem Verfasser.

Vorbericht des Herausgebers.

Ich bin nicht Vorredner, um mich in das Lob der Schrift die man dem Publico hier mittheilet, weitläufig einzulaſſen. Wahrheit, Pflicht, Dankbarkeit fordern die wenigen Worte die ich an den Leſer richte. Die Schönheit und der Geſchmak in der Malerey, ſind die zwey Haupttheile, welche dieſe Schrift den Künſtlern erkläret, ihnen den richtigen Weg zu denſelben, wie weit man auf ihm fortgegangen, und welche Schritte noch zu thun ſind, zeiget. Wenn davon jemals mit Macht und Wahrheit geſprochen ward, ſo iſt es hier, wo der Verſtand des Lehrers durch die Natur bis zu

A 3   der

der Gottheit, durch die Werke der Kunst
bis zu den Seelen der Meister bringet,
die ihr die goldnen Zeiten gaben. Ver-
langt jemand einen Ausleger —— diese
sind es: das Buch in der Hand betrachte er Natur und Kunst, denke, vergleiche
sie mit dem gegebenen Unterrichte, und
sein Lohn werden deutliche Begriffe aus
beyden seyn. Denn der Verfasser schrieb
nicht Auslegunsweise, weil er sich ein
grosses Werk, dem Leser nicht das Nachdenken ersparen wollte. Es war auch
überflüßig die Wahrheit, die itzt in wenig Blättern ist, in Bände zu streuen,
wer ein Talent zur Kunst hat, müßte
was er hier in ununterbrochener Reyhe
antrift, dort, nur mühsam suchen, den
aber der hier nichts findet, würden keine
Folianten erleuchten. So viel von dem
Wesent-

Wesentlichen der Schrift. Der Ausdruk, die Sprache, sind nicht blumigt, aber kräftig, aber dem Lehrer der ungeschmük. ten Wahrheit gemäß, und kleiden den Gedanken, wie an den Bildsäulen der Alten das leichte Gewand Götter und Helden kleidet, geworfen den Held den es umgiebet mit Anstand zu zeigen, nicht verstecken. Man vergleiche überhaupt die ganze Schrift mit andern berühmten Schriften dieser Art, um sie unter den. selben, wie der Dichter seine Laura un. term Geschlechte zu finden:

—— Schön, nicht wie das leichte Volk
Rosenwangichter Mädchens ist
Die Gedankenlos blühn, nur im Vorübergehn
Von der Natur, und im Scherz gemacht
Leer an Empfindung und Geist, leer des all-
mächtigen
Triumfirenden Götterbliks.
        ·   Klopstok.
    A 4   Diesen

Diesen edeln Anlaß erwähle ich zugleich, um der Freundschaft ein öffentliches Opfer zu thun. Herr Johann Winkelmann in Rom, hat mich schon seit einigen Jahren einer Freundschaft gewürdiget, die von ihrer ersten Stunde an, eine der höchsten Glückseligkeiten meines Lebens ausmachet. Ihm habe ich manche feinere Empfindung des Guten und Schönen, im Leben wie in der Kunst; die Freundschaft mancher edeln Seele, besonders des grossen Verfassers dieser Schrift; und seiner Vermittelung, die Theilnahme an derselben, zu danken, welche meinen Namen mit dem seinigen noch näher vereiniget, und mir ein Recht auf die Unsterblichkeit giebt, welche meine schwachen Werke mir niemals verschaffen werden.

J. C. Füeßlin.

An den Leſer.
Von dem
Verfaſſer.

Dieſe Schrift war anfänglich nur für
mich ſelbſt geſchrieben, aus Begierde
Wahrheiten zu finden, und da ich dieſelbe
beynahe vollendet hatte, ward ich erſu-
chet, ſie einer Akademie in Deutſchland
zum Druk zu übergeben, welches durch
verſchiedene Zufälle verhindert wurde:
Denn dieſe Akademie gieng ein, und die
Schrift blieb mir.   Als ich dieſelbe von
ungefähr wieder durchlas, war ich nicht
mit allem zufrieden, und ich nahm mir
vor ſelbe von neuem umzuarbeiten, theils
wegzulaſſen, und manches zuzuſetzen. Da
ich aber überdachte, wie viel Mühe und

Arbeit

Arbeit ich daran wenden müßte ; und mich
auch unfähig erkannte meine Gedanken
in eine schöne Schreibart zu bringen,
war ich entschlossen, alles liegen zu lassen.
Ich sah aber, da ich die Schrift als verworfen durchlief, daß dieselbe um der
Wahrheit willen, zu gut sey gar tod liegen zu bleiben, und daß die in ihr ent-
haltene Wahrheiten vielen nützlich seyn
könnten, und dieses bewegte mich, nebst
der Ueberredung meines Freundes, dem
ich sie wiedme, dieselbe endlich dem Druke
zu übergeben. Ich habe aber meinen Namen nicht voransetzen wollen, weil das
Schreiben nicht mein Beruf ist, und weil
ich mir den Tadel der Schwätzer, welche
dieselbe etwa nicht verstehen, ersparen will.

Ich ermahne die jüngen Maler, für
welche ich geschrieben habe, wenn sie diese

Schrift

Schrift lesen werden, es mit grosser Be-
dachtsamkeit zu thun, und versichert zu
seyn, daß ich die Kunst der Malerey durch
diese Art zu denken, und auf diesem Wege, höher gebracht habe, als viele andre
meiner Zeit; und daß ich ihnen diese
Schrift bloß aus guter Meynung über-
lasse. Wenn ein solcher Leser alles was
ich sage, wohl betrachten wird, nebst einem unermüdeten Fleiß und steter Uebung,
so schmeichle ich mir, daß er grossen Nutzen daraus schöpfen werde.

Ich ersuche auch alle Liebhaber dieser
Art Schriften, so viel möglich, zu ver-
hüten, daß diese nicht in andre Sprachen
übersetzet werde, es sey denn, unter meiner Aufsicht; weil ich gewiß weiß, daß
meine darinn angewandten Redensarten
in keiner andern Sprache gebraucht wer-
                                        den

den können; im Welschen würden sie ganz
undeutlich, und im Frauzösischen lächer-
lich scheinen, und würden den zarten Oh-
ren der gemeinen Schriftsteller, und der
Zeitvertreib-Gelehrten ein Greuel werden; denn ich habe geschrieben wie ein
Meister mit seinen Schülern redet.

Meine Absicht war erstlich, zu erleuchten was die Schönheit sey, weil so viel
Zwistigkeit der Menschen über diese Materie ist: Zum andern den Geschmak zu
erklären; weil die meisten, welche davon
geredet haben, keine Deutlichkeit gegeben warum man sich des Wortes Geschmak in der Malerey bedienet. Endlich
habe ich gesuchet diesen Geschmak durch
die Exempel des Geschmakes der grossen
Meister deutlicher zu machen; denn da
ich mich in dem ersten Theile ein wenig
von

von der Malerey entfernet hatte, fürch-
tete ich, dardurch die Schrift unnütz gemacht zu haben, weil ich für Maler schreiben wollen, und dieserwegen habe ich solche Exempel angeführet, in welchen sich
die Gelegenheit darbot von allen Regeln
der Kunst zu reden. Man soll verstehen,
daß alle die Theile welche ich an den grossen Meistern rühme vor Regeln und Exempel zur Nachahmung zu halten sind.

Ich ermahne aber die Anfänger der
Malerey, daß sie sich nicht zu viel auf
solche Subtilitäten, wie hierinn geschrieben, verlegen: Denn im Anfange taugen
solche nicht. Die erste Bemühung eines
Anfängers soll seyn, das Auge zu gewöhnen, so daß er dadurch fähig werde, alles nachmachen zu können. Zugleich soll
er sich der Handübung befleißigen, damit
die

die Hand gehorsam sey zu thun was er
will; und nach diesem allererst die Regeln und das Wissen der Kunst erlernen.
Ich setze voran, daß man erstlich die Uebung, und folgends das Wissen erlernen
soll, weil man in alten Jahren zur Erlernung der Regeln noch geschikt ist, aber
zur Uebung und Gewohnheit des richtigen
Auges wird eine gewisse Zeit erfordert,
nämlich so lange als man noch keine Gewohnheit angenommen hat: Denn wenn
man sich einmal übel gewöhnet hat, ist
es in reifen Jahren unmöglich sich anders zu gewöhnen.

Es muß also diese Schrift auch von
unterschiedenen Classen der Maler mit un-
terschiedener Betrachtung gelesen werden.

Der Anfänger soll dieselbe nur lesen
um zu ersehen wie groß und schwer die
Kunst

Kunst ist, auf daß er eile, und keine Zeit
verliere in Erlernung der geringern Theile. Denn ob die erste Theile gleich die
wirklichen Materialien und das Funda-
ment der Kunst sind, so ist doch damit
noch nichts ausgerichtet, bis die andern
Theile des ganzen Baues der Kunst zusammen hervorgebracht werden.

Die andere Classe der Maler, nämlich
welche schon obgemeldete Theile erlernet
haben, für die ist eigentlich diese Schrift
gemacht, auf daß sie dadurch lernen was
guter Geschmak sey, und urtheilen, ob
sie denselben von Natur besitzen oder nicht,
und durch was vor Exempel sie ihn erlernen oder befestigen können.

Die geübte Maler aber können dennoch
daraus Nutzen schaffen, um die Schönheiten in grosser Meister Werken zu erkennen,
und

und auch andere Jünglinge recht zu leiten
auf dem Wege die Kunst zu erlernen.

Ich rede frey, weil wir Menschen keine
andere Gewißheit als die Erfahrung des
Nutzens eines Dinges haben, um es gut
zu heissen, und weil ich diese an mir selbst
habe, da ich alles was ich weiß durch diesen
Weg, durch diese beschriebene Denkart,
erlernet habe.

Ich erbiete mich meinen Landesleuten
weitere Erklärungen von meinen Gedanken zu geben, im Fall einige Punkte wären,
welche dem Deutschen Publiko undeutlich
schienen, und sollte ich mich geirret haben,
werde ich mich auch nicht durch eine übel-
verstandene Ehrsucht zurükhalten lassen,
es zu gestehen, wenn ich meinen Fehler erkennen kann; sonst werde ich suchen meine Meinung mit möglichster Deutlichkeit
zu vertheidigen.　　　　Von

Von der Schönheit.

Erklärung der Schönheit.

Da die Vollkommenheit mit der Menschlichkeit nicht übereinstimmen kann, und
allein bey Gott ist, von dem Menschen
aber nichts wirklich begriffen wird, als
was unter die Sinne fällt; so hat ihm
der Allweise einen sichtlichen Begriff der
Vollkommenheit eingepräget, und dieses
ist, was wir Schönheit nennen. Also
sage ich: Sie ist in allen erschaffenen
Dingen, nämlich wenn der Begriff so
wir von dem Dinge haben, und unser in-
tellectuales Gefühl nicht höher mehr in
der Einbildung gehen kann, als wir die

B   Materie

Materie sehen: Dieses ist zu vergleichen
mit der Natur des Punktes; ein Punkt
soll unzertheilich seyn, also ist der Punkt
in der Wahrheit allezeit unbegreiflich:
Weil wir aber nöthig haben uns einen
sichtlichen Begriff des Punktes zu machen,
so heissen wir einen Punkt denjenigen
Flek in welchem wir die Zertheilung nicht
mehr würken können: Diesen heißt man
den sichtlichen Punkt. Nun stelle man
sich vor, daß die Vollkommenheit der ma-
thematische oder unzertheiliche Punkt wäre. Die Vollkommenheit begreift in sich
alle namhaften löblichen Kräfte: Diese
können sich in keiner Materie finden, denn
so lang sie eine Materie ist, muß sie unvollkommen seyn; so haben wir eine Art
Vollkommenheit, nach dem menschlichen
Begriffe eingerichtet: Diese ist nämlich,
wenn unsere Sinnen ihre Unvollkommen-
heit nicht mehr begreifen können, und
alsdenn nennen wir diese Gleichniß der
Vollkommenheit, mit dem Namen Schönheit. Diese ist, wie ich gesagt habe in
jeder

jeder Sache und in allen zusammen, und
ist die Vollkommenheit der Materie, und
zwischen dieser Vollkommenheit und der
Göttlichen ist eben der Unterschied, wie
zwischen den zween Punkten. Also kann
man die Schönheit eine sichtliche Vollkommenheit nennen wie man jenen einen
sichtlichen Punkt nennt; wie nun in dem
sichtlichen Punkte der unsichtbare wirklich
ist, so ist auch in der Schönheit, obschon
eben so unsichtbar, die Vollkomenheit;
Keine dieser unsichtbaren Vollkommenheiten siehet das Auge, aber es fühlet sie
die Seele, weil sie gleichsam (nämlich
die Seele und die Vollkommenheit) von
der höchsten Vollkommenheit erschaffen
sind, und herkommen.

Plato * nennet die Regung der Schön-
　　　B 2　　　　　　heit

---

* Plato in Phædro III. p. 249. Ed St.
τέλο (καλον) δε ετιν αναμνησις εκεινων,
α ποτ ειδεν Ημων η ψυχη συμπορδυθεισα
Θεω, και υπεριδουσα, α νυν ειναι φαμεν,
και ανακυψασα εις το ΟΝΤΩΣΟΝ.

heit eine Erinnerung der obern Vollkommenheit, und giebet dieses zur Urſache
ihrer entzückenden Kraft; vielleicht könnte
ich eben ſo glüklich träumen wenn ich ſag-
te, daß unſere Seele von der Schönheit
gerührt wird, weil ſie gleichſam durch
dieſe in eine augenblikliche Seligkeit geführet wird, welche ſie bey Gott ewig
hoffet, bey allen Materien aber bald wieder verlieret.

Gründe der Schönheit ſichtbarer Dinge.

Nichts iſt ſichtlich ohne Materie: Jede
Materie muß eine Geſtalt haben, dieſe
Geſtalt iſt das Maaß ihrer Kraft; ſie iſt
ihr gegeben von dem Schöpfer, und dieſe
Kraft iſt die Urſache ihrer Geſtalt. In
den erſten Geſtalten der Natur iſt keine
Schönheit, denn ſie ſind noch nicht deutlich vor uns, ſie ſind merklich aber nicht
begreiflich: Von dieſen hat die Urſache
zuſammengeſetzet andre Geſtalten ſo ſchon
ſichtlich

ſichtlich ſind, und dieſe erſte Sichtlichkeit
zeiget die Farben; dieſe ſind unterſchieden
nach ihrer Geſtalt; nämlich durch ihre
Geſtalt machen die Lichtſtrahlen eine unter-
ſchiedene Wirkung. Sind nun dieſe erſten,
zarteſten und ſichtlichſten Geſtalten in ſich
ſelbſt einförmig, ſo heiſſen ſie rein, denn
der Lichtſtrahl macht nur eine Wirkung
in ihnen, und dieſe Wirkung bringet
Schönheit. Daß dem ſo ſey, nämlich,
daß Farben von der Geſtalt einer einför-
migen Materie herkommen, ſieht man
durch das Prisma: Daß aber die Einförmigkeit Schönheit macht, iſt klar,
denn das ſchönſte roth verderbt das beſte
gelb, das blaue ſo das roth; werden ſie
aber alle drey, nämlich blau, roth, gelb
zuſammengemiſcht, ſo ſind ſie alle verdorben. Wann wir nun ſehen, daß die Natur die Materien ſo unterſchiedlich gefärbet hat, ſo kommt es von dem Unterſchied
ihrer geringſten Geſtalten, und von Men-
gung der unterſchiedenen. Von dieſen

B 3

kleinen

kleinen Gestalten hat die Natur wieder
grössere gemachet, welche nicht mehr nach
ihrer Farbe, sondern nach ihrer Gestalt
schön oder garstig geurtheilet werden. In
diesen ist ebenfalls die Einförmigkeit mit
ihrer Ursach und mit sich selbst, der Grund
ihrer Gefälligkeit: Deßwegen ist von allen Gestalten die runde auch die vollkommenste, denn sie ist nur eine Ursache,
nämlich eine Erweiterung ihres eignen
Mittelpunktes, und diejenigen, welche in
ihrer Gestaltung unterschiedene Ursachen
haben, werden immer von geringerer
Vollkommenheit, doch haben sie allezeit
Schönheit, weil diejenigen so nicht mit
sich übereinstimmen, zu unterschiedlichen
Bedeutungen tauglich sind; wie man in
der Natur siehet, daß viele Sachen so an
sich keine Schönheit haben, durch die An-
gehörigkeit so ein Theil mit dem andern
hat, schön werden: Denn wie die ganze
Natur zur Regung erschaffen ist, und
deßwegen wirkende und leidende Theile
seyn müssen, so ist nöthig, daß auch ein

Unter-

Unterſchied der Vollkommenheiten ſey,
denn der leidende Theil muß nothwendig
unvollkommener als der wirkende ſeyn;
dieſe unvollkommenen Theile ſind aber darum nicht geringer zu achten, wenn ſie
zur ſelben Urſache dienen, und haben auch
in ihrer verringerten Vollkommenheit eine
Art Schönheit, ſo ihnen wird, wenn ſie
mit ihrer Beſtimmung einig ſind. Deßwegen iſt Schönheit in allen Dingen denn
die Natur hat nichts unnützes gemachet,
und wie ich geſagt, ſo iſt Schönheit in
jedem Ding wenn es nach dem Begriffe,
unter den es fällt, vollkommen iſt, der
Begriff kömmt aus der Erkenntniß ſeiner
Beſtimmung, die Erkenntniſſe aber kommen von unſerer Seele. Alſo iſt die
Schönheit alsdann in allen Sachen, wenn
die ganze Materie mit der Beſtimmung
eins iſt. Wenn ich aber ſage, daß vollkommnere und unvollkommnere Theile
ſind, ſo ſtelle man ſich vor, daß die ganze
Natur wie eine Gemeinde iſt, wo jeder
Menſch gleich hingehört, obſchon einer

dem

andern an Range vorgeht. Und es ist
eine Abtheilung zu machen, und eine Betrachtung hier nöthig, nämlich, daß die
Theile, so gleichsam vollkommener in der
Schönheit sind, hingegen weniger Nutzen mit sich bringen, die aber, so weniger Schönheit haben, denn die geringern
können Wirkung leiden, und können zu
mehr als einer Sache dienen, die voll-
kommneren aber können nur eine Wirkung
thun, und zu einer Sache taugen: Dieses ist in allen Farben, und in allen Gestalten. Die drey vollkommnen Farben
können nie andern als gelb, roth, oder
blau seyn, und ist nur ein Begriff ihrer
Vollkommenheit, nämlich, wenn sie gleich
weit von allen andern Farben sind; da-
hingegen die geringern und gemischten,
als aurorafarb, violet, grün, von unter-
schiedlicher Art seyn können, nämlich mehr
von einer oder der andern Farb abhan-
gend, und die geringsten so von drey Farben gemischt, können unzählich verändert
werden. Je weniger nun Vollkommenheit

heit in einer Farbe ist, je mehr Vielfältigkeit hat sie, bis endlich kein Hauptbe-
griff mehr in ihr bleibet, und alsdann ist
sie wie eine todte unbedeutende Sache.
Eben so ist es in den Gestalten so sichtlich sind; das runde so allein das vollkommenste ist, wie auch alle gleichseitige
Gestalten können nur auf eine Weise seyn,
die aber, so veränderte Seiten haben,
können auch veränderte Bedeutungen annehmen, und sind auch tauglicher zu unterschiedlichen Begriffen; so daß sie eben
so nützlich wie jene vollkommnere sind;
der Grund ist oben gegeben, weil sie jeden Begriff bedeuten können, bis sie endlich durch die Vielfältigkeit auch zur Un-
deutlichkeit gebracht werden. Daß aber
die Erkenntniß der Schönheit einer Sache
von der Uebereinstimmung mit unserm
Begriffe herkommt, erhellet klar durch
die vielen ganz entgegen gesetzten Sachen,
so wir vor schön preisen. Wir heissen
(gesetzt) eine Art Stein schön, wenn er
ganz einfärbigt, und einen andern auch

B 5   schön

schön, wenn er ganz unterschiedene Flecke und Adern hat: Wäre nun nur eine Art Vollkommenheit, Ursache der Schönheit, so würde dieser einer, vor schön, der an=dre aber vor garstig geachtet werden, wa=rum aber der eine und andere schön ge=heissen wird, kömmt von dem Begriffe, so wir von ihm haben. Darum heissen wir denjenigen Stein von dem wir den Begriff haben, daß er einförmig seyn soll, schlecht und garstig wenn er einige Flecke hat, und den andern garstig wenn er zu=viel einförmiges hat, denn einer und der andere ist alsdann unvollkommen nach unserm Begriffe. So verhält es sich mit jeder erschaffenen Sache: Ein Kind wäre garstig, wenn es wie ein reifer Mensch aussähe: Der Mann ist garstig, ist er wie ein Weib gestaltet, und das Weib ebenfalls, wenn es dem Manne gleicht; und diese Betrachtungen sind hinlänglich, die größte Ursache der Schönheit zu fin=den. Also sage ich: Die Schönheit kömmt von der Uebereinstimmung der

Materie

Materie mit unfern Begriffen: Unfere
Begriffe kommen von der Erkenntniß der
Beftimmung der Sache: Diefe Erkenntniß von der Erfahrung und Erforfchung
der allgemeinen Wirkung des Dinges:
Die allgemeine Wirkung kömmt von der
Beftimmung fo ihr der Schöpfer gegeben, als ein Amt: Diefe Beftimmung
hat zum Grunde die Stafelweife Abtheilung der Vollkommenheit der Natur, und
diefes alles hat die Weißheit Gottes zur
Urfache.

Wirkung der Schönheit.

Die Schönheit ift die Vollkommenheit
der Materie nach unferm Begriffe: Da
GOtt allein die Vollkommenheit zur Ei-
genfchaft hat, fo ift die Schönheit ein
göttliches Wefen: Je mehr Schönheit
in einer Sache ift, je mehr ift fie geiftig:
Die Schönheit ift die Seele der Materie:
Wie die Seele des Menfchen Urfache feines Seyns ift, fo ift auch die Schönheit
gleichfam die Seele der Geftalten; und
was

was keine Schönheit hat ist todt vor uns.
Diese Schönheit hat eine entzükende Kraft,
und weil sie geistig ist, reget sie des Men=
schen Seele , vermehret gleichsam ihre
Macht, und macht sie vergessen, daß sie
in einen so engen Raum eingeschlossen ist:
Daburch geschiehet die Anzüglichkeit der
Schönheit, wenn unsere Augen etwas
sehr schönes sehen, so fühlet es die Seele,
und wünschet gleich mit der schönen Sa=
che eines zu werden; darum sucht der
Mensch sich an das Schöne zu nähern.
Die Schönheit erhebet sein Gefühl über
die Menschlichkeit, alles wird durch sie im
Menschen regend, so daß durch ihre
Dauer endlich eine Art Traurigkeit kömmt,
wenn die Seele des Menschen sich durch
den blossen Schein der Vollkommenheit
betrogen findet. Deßwegen hat die Na=
tur vielerley stafelweise Schönheiten er=
schaffen, um durch die Veränderung un=
sern Geist in einer gleichen steten Regung
zu halten. Die Schönheit rufet jeden,
denn sie ist eine mit unserer Seele einför=
mige

mige Kraft, der sich zu ihr wendet; siehet
und findet sie bald, denn sie ist das Licht
aller Materien, und das Gleichniß der
Gottheit selbst.

Die vollkommene Schönheit könnte sich in der Natur finden, findet sich aber nie.

Ob sich schon die Schönheit nie in der
Natur vollkommen findet, so soll man
doch nicht glauben, daß sie sich nicht finden könne, und daß man die Gesetze der
Wahrheit verlassen müsse um der Schönheit nachzugehen; denn dieses ist nicht
also. Die Natur hat alles auf solche
Weise erschaffen, daß es nach seiner Bestimmung vollkommen seyn könne. Weil
aber die Vollkommenheit sich allezeit der
höchsten Vollkommenheit nähert, so ist
ihrer wenig, und des unvollkommenen
viel, denn das vollkommene ist das, so
voller Ursache ist, und wie jede Gestalt
nur einen Mittelpunkt hat, so hat gleichsam

sam auch die ganze Natur in jedem Geschlechte nur einen Mittelpunkt, worinnen
die ganze Vollkommenheit des Umfangs
liegt. Das Mittel ist ein Punkt, und die
ganze Gestalt machen unzähliche Punkten
aus, die unvollkommen sind in Vergleichung mit ihm. Wie unter allen Stei-
nen nur eine einzige Art vollkommen ist,
nämlich der Diamant; unter allen Me-
tallen, nur das Gold; unter allen leben-
den Geschöpfen, der Mensch; so ist auch
wieder in jedem Geschlecht ein Unterschied,
und ist des Vollkommenen sehr wenig.
Da der Mensch nicht von sich selbst her-
vorkommt, sondern sein Zustand schon im
Mutterleibe, wenn er sich gestaltet, von
äussern Zufällen abhanget, so ist fast unmöglich, daß ein Mensch vollkommen
schön seyn könne. Es ist selten ein Mensch
der keine Leidenschaft prüfete, so im Theile oder Ganzen die Gesundheit störete;
auch kein Mensch, bey dem nicht einige
Gemüthsneigungen vor andern, herrschen:
Diese unterschiedliche Leidenschaften und

Regun-

Regungen haben am menſchlichen Leibe
unterſchiedliche Theile, worinne ſie haupt-
ſächlich wirken: Alſo iſt es auch mit den
Weibern; ſind ſie noch mit den Kindern
ſchwanger, ſo drücken und ſtören ihre Leidenſchaften ihre Geſundheit, und dieſe
das erzeugte, ſo daß die Seele des Kin-
des nicht allezeit mit Freyheit den Bau
des Körpers verfertigen kann: Könnte
aber die Seele des Menſchen in ſeiner
Geſtaltung frey wirken, ſo würde er vollkommen ſchön ſeyn. Darum gehört die
Schönheit auch zur Bedeutung der Macht
der Seele, und giebt eine gute Meynung
von dem Menſchen in dem ſie gefunden
wird. Weil die Seele aber oft verhindert wird, ſo werden ſelten ſchöne Menſchen erzeuget. Auch ſind die Völker von
unterſchiedenen Lagen der Länder, von
unterſchiedenen Gemüthsregungen beherr-
ſchet, und durch gewiſſe Geſtalten bezeichnet. Daß die vollkommene Schönheit
ſich aber im Menſchen finden könne, ſiehet
man daraus, daß faſt jeder Menſch einige

Theile

Theile ſchön hat, und daß die ſchönſten
Theile mit der Nützlichkeit und Urſache
des Baues am meiſten übereinſtimmen.
Alſo würde der Menſch, hätten ihn nicht
die Zufälle verſtöret, gewiß ſchön ſeyn.
Ich rede vom Menſchen als demjenigen
Theile der ganzen Natur, worinne die
Schönheit am meiſten erſcheinet.

In der Schönheit kann die Kunſt die Natur übertreffen.

Die Kunſt der Malerey heiſſet zwar eine Nachamung der Natur, und ſcheinet
durch das Wort, Nach, geringer an
Vollkommenheit zu ſeyn als die Natur;
dieſes iſt aber nur mit Bedingung wahr:
Es giebt Sachen in der Natur, ſo die
Kunſt unmöglich nachahmen kann, und
wo ſie ſehr ſchwach gegen die Natur er-
ſcheint, nämlich in Licht und Finſterniß:
Hingegen hat ſie einen Theil, ſo ſehr
mächtig iſt, einen Theil, der die Natur
weit übertrift — dieſer iſt die Schönheit. Die Natur iſt in ihren Hervorbrin-
gungen

gungen sehr vielen Zufällen unterworfen;
die Kunst aber wirket frey, weil sie lauter schwache Materien zum Werkzeuge
hat, in welchen keine Widerstrebung ist.
Die Kunst der Malerey kann aus dem
ganzen Schauplatze der Natur das Schönste wählen, und die Materien von vielerley Orten, und die Schönheit von vielerley Menschen sammeln, da die Natur die
Materie eines Menschen nur aus der Mutter desselben nehmen, und sich mit allen
Zufällen begnügen muß: Also können die
gemaleten Menschen leicht schöner als die
wahrhaftigen seyn.   Wo werden sich in
einem Menschen zugleich, die Grösse der
Seele, die Uebereinstimmung des Leibes,
ein tugendhaftes Gemüth, und gleichge-
übte Glieder finden? Ja nur die vollkommene Gesundheit und Genesung, da
alle Aemter und Verrichtungen der Menschen, ihn beläsigen? Hingegen in der
Malerey kann dieses leicht bedeutet werden, wenn man die Einförmigkeit, in
Umrissen, die Grösse, in der Gewalt, die

C   Freyheit

Freyheit, in der Stellung, die Schönheit in den Gliedern, die Macht in der
Brust, die Leichtigkeit in den Beinen,
die Stärke in Schultern und Armen bezeichnet. Die Aufrichtigkeit in der Stirne
und Augenbraunen, die Vernunft zwischen
den Augen, die Gesundheit in den Ba-
ken, die Lieblichkeit in dem Munde bedeutet. Wenn man so in allen Theilen
vom größten bis auf den geringsten, in
Mann und Weib eine Bedeutung, und
Gestalt nach ihrer Bestimmung bringet,
und diese Betrachtungen, wieder in jeden
Stand des Menschen, und nach jeder Bedeutung, verändert, so wird der Künstler sehen, daß die Kunst die Natur selbst
noch übertreffen kann: Denn wie in keiner Blume der Honig ist, sondern in allen ein Theil desselben, woraus die Biene
in der Sammlung den Honig machet;
eben so kann der Künstler aus allem erschaffenen das Beste wählen, und dadurch
die größte Süßigkeit in der Kunst zuwe-
gebringen. Daß durch die Wahl die natürlichen

türlichen Sachen verbessert werden können, siehet man deutlich in den zweyen
entzükendesten Künsten Musik und Poesie:
Die Musik ist nichts anders, als alle
Töne, so in der Natur sind, in eine abgemessene Ordnung gebracht, welche durch
die Wahl eine Ursache bekömmt, und alsdann einen Geist empfängt, so den Geist
des Menschen rühren kann, und dieser
Geist ist die Harmonie. So ist die Poesie nichts anders als die gemeine Rede
der Menschen in eine abgemessene Ordnung gebracht, erstlich die Begriffe, und
folgends die Wörter, und durch die Wahl
der wohlklingenden und sich zusammen-
schikenden ist durch eine Art Harmonie
das Silbenmaaß erdacht worden; wie die
Musik eine viel grössere Stärke hat, als
dieselben Materialien, wenn sie unordent-
lich und ohne Wahl in eins geschüttet
werden; eben so ist die Malerey: Durch
die Ordnung und Auslassung des Unnützen und Unbedeutenden, wird sie erst eine
Kunst, und empfängt gleich ihren zwoen

Schwe-

Schwestern eine höhere Kraft. Es soll
auch kein Künstler glauben, daß die Kunst,
und ihre höchste Stafeln etwan schon be-
setzet wären, so daß sie nicht höher gebracht werden könnte, denn dieses ist nicht
nützlich zu denken. Niemand von den
neuern ist auf dem Weg der Vollkommenheit der alten Griechen gegangen, denn
alle Künstler nach der Wiedererfindung
der Kunst haben nur das Wahre und Gefällige zur Absicht gehabt; und wenn es
auch wäre, daß sie wirklich in den Theilen, die sie besessen, auf den höchsten
Gipfel gekommen wären, so bleibt noch
übrig vor den der die Vollkommenheit suchet, das Theil des einen und andern zu-
sammenzufügen. Also soll sich kein Künstler abschrecken lassen, weil andre groß gewesen, sondern vielmehr durch ihre Grösse
sich erhitzen mit ihnen zu streiten, denn
es bleibet noch Ehre von ihnen überwun-
den zu seyn, wenn man ihnen nur nachgeahmet: Denn wer das Höchste suchet,
wird auch in einem geringen Theile groß
scheinen.

ſcheinen. Wie man von einem Menſchen,
ſo auf einen Weg gehet, der in dieſe oder
iene Stadt führet, urtheilet, daß er im
Fortgehen hinkommen wird, ſo wird man
auch von einem Künſtler urtheilen, der
den Weg der Vollkommenheit betritt, und
immer fortgehet, daß er mit der Zeit zu
der Vollkommenheit ſelbſt kommen könne.
Ja ich wiederhole, daß kein Maler von
allen denen, von welchen wir Werke ſehen, den Weg der höchſten Vollkommenheit geſuchet: Die Welſchen, ſo die größten Künſtler waren, ſind durch Hoffarth,
Armuth, oder den lofenden Gewinnſt immer von dieſem Ziele abgezogen worden;
ich glaube auch nicht, daß die Kunſt mehr
zu der alten griechiſchen Vollkommenheit
und Schönheit kommen wird, wenn ſie
nicht wieder ein Athen findet, ich wünſchte
daß ſie dieſes unter meinen Landesleuten
finden könnte.

Dieſes iſt es was ich von der Schönheit ſagen und bedeuten wollen, nämlich:
Da die Vollkommenheit ein Geiſt und

C 3   nicht

nicht sichtlich ist, so ist die Schönheit die
gestaltete und sittliche Vollkommenheit der
Materie: Die Vollkommenheit der Materie aber ist die Uebereinstimmung mit
unsern Begriffen: Unsere Begriffe sind
die Erkenntniß der Bestimmung: Eine
Sache ist vollkommen, wenn sie nur einen Begriff hat, und die Materie mit ihm
ganz einig ist: Die Vollkommenheiten
sind wie Aemter in der Natur eingetheilet, diejenige Sache, so ihr Amt am besten auszuführen tauget, ist in ihrem Geschlechte die vollkommenste, darum ist auch
das häßliche einigemal seines Amtes wegen, schön: Aber die Sache, so nur eine
Ursache hat, in welcher die Materie mit
ihr ganz einig ist, ist von höherm Grade
Schönheit, als die wo vielerley Ursachen
sind: Was mehr Geist hat ist höher als
was mehr Materie hat: Das Geistige hat
die Macht dem Materialischen von seiner
Vollkommenheit zu geben, und das Materialische kann es annehmen. Will ein
Künstler etwas Schönes machen, so soll
er

er sich vorstellen, stafelweise von der Materie aufwärts zu gehen, nichts ohne Ursache zu machen, nichts todtes und über-
flüßiges leiden, denn dieses verderbet alles worinne es ist: Sein Geist soll den
Materien die Vollkommenheit zu geben
suchen durch die Wahl: Der Geist ist
die Vernunft des Malers: Die Vernunft
soll über die Materien herrschen, seine
größte Bemühung soll seyn die Ursachen
der Sachen zu bestimmen, und in einem
ganzen Werke einer Hauptsache zu folgen;
auf daß nur eine Ursache der Vollkommenheit darinne sey; und diese Ursache
wieder bis gegen den geringsten Theil der
Materie auszutheilen. Er soll das taug-
lichste aus der Natur wählen um seine
Gedanken dem Ansehenden deutlich zu machen. Wie die Natur die Vollkommenheit
stafelweis eingetheilet, so soll auch der
Künstler thun, und in jedes Ding eine
unterschiedliche Bedeutung bringen, die
doch alle zu einer Hauptbedeutung dienen,
so wird der Ansehende in jeder Sache den

C 4   Begriff

Begriff erkennen, in allen zusammen die
Urfache des Ganzen, und wird ein Werk
für vollkommen preifen, wenn die Materie jeder Sache nach ihrem Begriffe be-
fchaffen ift, und itzt die Schönheit des
Werkes, die aus jedem Theile zufammen-
ftrömt, und feine Seele rühret, fühlen,
dann weil jedes Ding, fo ein folches
Werk vorftellet, eine Urfache und Geift
hat, fo wird das ganze Werk voller Geift
und um des Geiftigen willen, fchön feyn,
und die höchfte Vollkommenheit der Materie haben.

Wie der Schöpfer der Natur in alle
Sachen eine Vollkommenheit geleget,
welche uns die ganze Natur wunderbar
und ihres Schöpfers würdig fcheinen machet, fo foll auch der Künftler in jedem
Zuge und in jedem Pinfelftrich eine Spur
feines Verftandes laffen, damit fein Werk
allezeit von andern Menfchen einer ver-
nünftigen Seele würdig geachtet werden
könne.

Von

Von dem Geſchmake.

Urſprung dieſes Namens in der Kunſt.

Alle menſchliche Werke ſind unvollkommen, und wenn wir etwas vor vollkommen preiſen, ſo iſt es, daß wir die Fehler nicht erkennen. So ſind alle Vollkommenheiten der Menſchen, und Menſchen-
werke nur Gleichniſſe einer wahren Vollkommenheit, deswegen hat man das Wort
Geſchmack auch in der Malerey einge-
führet und gebrauchet, um damit zu bedeuten, daß ein Werk einen Geſchmak
der Vollkommenheit haben kann ohne
ſelbſt vollkommen zu ſeyn; ſo iſt der Geſchmak der Malerey im Theile dem Geſchmake des Gaumens ähnlich; nämlich
wie dieſer die Zunge und den Gaumen
rühret, ſo rühret jener die Augen und

den

den Verſtand: In beyden Geſchmaken
ſind viele Grade, ſo ſich unter einem Namen begreifen, denn ſo wie viele Sachen
ſauer, ſüſſer, oder bitter ſchmecken, ohne
daß alle ſüſſe oder bittere von einer Stärke ſind, eben ſo iſt auch im Geſchmake
der Malerey, das Groſſe, Zarte, Starke, und von dieſen jedes in unterſchied-
nen Graden.

Erklärung deſſelben.

Wie aber dem Menſchen nichts gefallen kann, ſo ihn nicht reget, ſo kann auch
keine Speiſe ohne einen vorragenden Geſchmak gefallen: Eben ſo iſt es auch in
der Malerey, daß jede Sache, ſo das
Auge ſiehet, eine Regung in Geſichts-
nerven machen muß um ihnen zu gefallen.

Dieſes iſt der Geſchmak, und iſt eben
ſo viel als ein Styl oder Art, und iſt
in jedem Menſchen verſchieden; nur iſt
dieſer Unterſchied in Geſchmak und Art,
daß die Art ſich überhaupt gut oder bös
findet,

findet, und nach ihrer Vollkommenheit
geurtheilet wird; da der Geschmak mit
weniger Vollkommenheit gerühret werden
kann: Wie man eine Sache süß oder sauer
heisset, ob sie schon sehr wenig von diesem
Geschmake hat, so kann auch ein Bild einen guten Geschmak ohne Vollkommenheit haben; der Geschmak der Malerey
kann auch gleichfalls wie der andre gut
oder übel gewöhnet werden, denn das
Auge gewöhnet sich wie die Zunge. Starke Getränke und Speisen verderben den
Geschmak, leichte Speisen aber behalten
das zarte Gefühl der Zunge; eben so ist
es in der Malerey: Uebertriebene und
überladene Sachen verderben den Geschmak der Kunst, schöne und einförmige
gewöhnen das Auge zur zarten Fühlung:
Daß es aber Menschen giebet, so nur von
übertriebenen gerühret werden, kömmt
von ihrem groben Intellectual- und Au-
gengefühle; die aber das zukalte lieben,
haben das Gefühl insgemein gar zu zart.
Dieses findet sich sowol in Künstlern als
Liebhabern.　　　　　　　　　　Bestim-

Beſtimmung und Regeln des guten Geſchmaks.

Der beſte Geſchmak den die Natur geben kann, iſt der mittlere, denn dieſer gefällt allen Menſchen überhaupt. Der Geſchmak iſt Urſache der Wahl des Malers, und durch das was er wählet, erkennt man den ſeinigen, und heiſſet ihn gut oder übel: Gut und das beſte, iſt allezeit das, was gleich weit von allen Uebeln iſt, und übel ſind alle Extremen.

Die Werke aber in der Malerey, ſo man insgemein von gutem Geſchmak heiſſet, ſind die, worinnen entweder die Hauptſachen nur wohl bedeutet; oder die ſo auf eine leichte Weiſe ausgeführet ſiyd, ſo daß die Mühe darinne verdeket iſt; beyde Arten gefallen uns, weil ſie eine groſſe Meynung von dem Künſtler ſo ſie verfertiget, geben. Man meynet, er habe alles gewuſt, nur die Hauptſachen zu wählen; oder er habe ſehr viel gewuſt, die Sachen ſo leichte machen zu können.

Der

Der grosse Geschmak bestehet darinn,
daß man die grossen und Haupttheile des
Menschen und der ganzen Natur wähle,
und die kleinern und untergeordneten, wo
sie nicht höchst nöthig, verstecke.

Der mittelmäßige Geschmak heisset der,
wo das Grosse und Geringere auf gleiche
Weise angedeutet wird; wodurch alles mit-
telmäßig, und beynahe ohne Geschmak wird.

Der kleine Geschmak zeiget alles kleinli-
che besonders an, und dadurch wird alles klein.

Der schöne Geschmak heisset, wenn man
das Schönste von der Natur bezeichnet —
er ist über dem mittelmäßigen, noch
mehr aber über dem gemeinen und nie-
derträchtigen, welcher nur das Schlechte
und Garstige der Natur findet. So verstehet sichs von dem Angenehmen, von
dem Bedeutenden, und den übrigen, die
man nennen könnte. Der Geschmak erzeuget also in dem Künstler einen Haupt-
zweck, und wählet oder verwirft, was
gut oder schlecht mit demselben übereinstimmt,

stimmt, daher sagt man, wenn in einem
Werke alles ohne Unterschied auf eine
Weise bezeichnet ist, daß es ihm ganz und
gar an Geschmake fehlet; weil nichts be-
sonderes darinn ist, und also diese Art
Werke ohne einige Bedeutung bleibet.
Also wie der Maler wählet, so macht er
sein Werk. Dieses ist von Farben, Licht
und Schatten, Falten und allen Sachen
in der Malerey zu verstehen; wenn man
das Schönste und Größte wählet, so macht
man Sachen vom besten Geschmak:
Schön ist aber alles das, was die guten
Eigenschaften einer Sache zeiget, und
garstig, was die schlechten weiset. Also betrachte man jede Sache, und sehe, was
man an ihr wünschete, alsdann suche man
die Theile aus, die diesem Wunsche am
nächsten kommen, diese sind Schönheiten:
Man betrachte was man übel findet, und
wünschte, daß es nicht wäre, das verwerfe man, denn es ist garstig.

Aus dieser Betrachtung, nämlich der
Eigenschaften der Sache, fließet die Bedeutung,

deutung, denn keine Sache bedeutet, als
nach ihren Eigenschaften. Gut ist insgemein das, was wohlthätig, also unsern
Gefühlen angenehm ist; und übel ist der
Theil in jeder Sache, welche unsern Verstand und Augen beleidiget, und ihnen
widrig ist. Unsern Verstand beleidiget
alles, was nicht mit seiner Ursach und
Bestimmung einig ist, als wenn eine
Sache ihrem Amte widerspricht, oder auch
wenn wir in der Sache keine Ursache ihres Daseyns finden können, und nicht
wissen, warum sie diese oder jene Gestalt
hat; unsern Augen aber ist alles widrig,
was die Gesichtssennen zu heftig anspan-
net; davon kömmt es, daß einige Farben, ja auch das allzuabstechende Licht
und Schatten uns ermüden, die grellen,
wie auch die gar zu stark abstechenden
Farben sind uns deswegen unangenehm,
weil sie unsere Augen so jählings von einer Fühlung in die andre bringen, und
dadurch gleichsam eine gähe Anspannung
der Nerven verursachen, so unsern Au-
geu

gen wehe thut, deswegen ist uns die Har=
monie so angenehm, weil diese immer
ein Mittel zwischen den Extremen zeiget.
Weil aber die Malerey so zusammengc=
setzet ist, so ist vorzustellen, daß kein
Mensch in allen Theilen einen gleichguten
Geschmak gehabt, sondern in einem Theile
oft sehr gut gewählet, in dem andern
aber sehr übel, und in einigen gar nicht;
dadurch unterscheidet sich auch der Ge=
schmak unter den größten Künstlern, selbst,
wie ich hernach erklären werde.

Wie sich der gute Geschmak mit der Nachahmung verträget.

Die Nachahmung ist der erste Theil
der Malerey, also das nothwendigste,
aber nicht das schönste. Was nothwen=
dig ist, ist nie das zierlichste: Die Noth=
durft zeiget die Armuth an, und die Zier=
de den Ueberfluß: Weil nun die Malerey
in sich, überhaupt mehr eine Zierde als
Nothwendigkeit in der Welt ist, und eine
Sache

Sache nach ihrer erſten Urſache ſchlecht
oder gut geachtet werden ſoll, ſo iſt auch
in der Malerey die Zierlichkeit der Noth⸗
wendigkeit vorzuziehen, und iſt darum
auch der Maler ſo mehr Idealiſches hat,
vor gröſſer, als der, ſo die bloſſe Nach⸗
ahmung beſitzet, zu achten. Weil aber
die Kunſt von beyden Theilen beſtehet, ſo
iſt der der allergröſte Meiſter, der ſie
beyde beſitzet; wie dieſe zwey Theile aber
zuſammengehören, und zu vereinigen ſind,
verſtehet ſich alſo: Die Idee, welche die
erſte Erzeugung des Geſchmakes iſt, iſt
wie die Seele, und die Nachahmung iſt
wie ein Leib. Dieſe Seele oder Urſache ſoll
aus dem ganzen Schauplatze der Natur
wählen die Theile, ſo die ſchönſten ſind,
nach allen menſchlichen Begriffen, nicht
aber neue unerſchaffene Theile hervorbrin⸗
gen, ſonſten würde dadurch die Kuſt ver⸗
ringert werden, denn ſie würde gleich⸗
ſam ihren Leib verlieren, und ihre Schön⸗
heiten würden den andern Menſchen un⸗
deutlich werden. Alſo ſage ich, daß ich

D   unter

unter Idee nur die Wahl, nämlich die
Kunst, aus der Natur gut zu wählen,
verstehe, aber nicht eine Erdichtung neuer
Sachen; ist also ein Bild so gemachet,
daß in ihm die schönsten Theile der Na-
tur gewählet worden, aber an sich jeder
Theil natürlich und wahrhaftig scheinet,
so wird in dem ganzen Werke der gute
Geschmak erscheinen, ohne Abbruch des
Theiles der Nachahmung.

Dem guten Geschmake ist die Manie-
rung zuwider.

Hieher gehöret noch eine Betrachtung,
nämlich der Unterschied des Geschmakes
eines Malers von dem, was man Manierung heisset. Der Geschmak bestehet
von der Wahl, die Manierung aber ist
eine Art Lügen, und ist zwoerley: Eine,
so durch Auslassung vieler Theile geschiehet, die andere aber, so gleichsam durch
Erfindung neuer Theile geschiehet, wie
zum Exempel diejenigen, so das Grosse
gesucht,

gesucht, und so viele Theile ausgelassen,
daß sie auch das Wesentliche der Sache
selbst verändert, und verdorben, andere
aber, so die gewählten Sachen noch bes-
ser machen wollen, und die grossen viel
grösser, die kleinen viel kleiner, und so
in allen Stüken über die Weise der Natur gegangen, so in Formen, in Licht
und Schatten, und allen Theilen der
Kunst. Der Geschmak aber, so sich auch
in der Vollkommenheit selbst finden könnte,
ist der, so aus der Natur das beste und
nützlichste wählet, und das unnütze verwirft, alles Wesentliche jeder Sache aber
beybehält, so wird alles was er machet,
wahr bleiben und seyn, wie ich oben gesaget vom besten Geschmake, indem in
dieser Art nur die Natur verbessert, nicht
verändert wird.

Geschichte des Geschmakes.

Weil nun alle Menschlichkeit unvollkommen ist, und uns vom Guten nichts

wirk-

wirkliches übrig geblieben, als die Macht
zu wählen, so bestehet alles Gute unserer Verrichtungen in der Wahl, und ist
der der Größte, der die Würde jedes Dinges erkennet, und dadurch welche Sache
grösser, welche kleiner zu'achten sey; folgends bey dem Größten anfängt, und an
dieses seinen Geist hänget, und seine Begierde auf die Ausführung derjenigen Sachen, so er vor groß und würdigst erkannt,
richtet. In diesem bestehet der Unterschied aller Künstler, von den alten Griechen an biß auf uns. Die Größten haben erkannt, was von der ganzen Natur
das Würdigste war, und haben auf dieses ihren Fleiß geleget: Die Mittelmäßigen haben eben so, nur auf die mittelmäßigen Sachen Acht gehabt, und ge-
glaubet, daß in diesen die Kunst bestande:
Die Kleinen sind von dem Kleinen gerühret worden, und haben die Kleinigkeiten vor Hauptsachen genommen, endlich
ist die Thorheit der Menschen von dem
Kleinen auf das Unnütze, von dem Un-

nützen

nützen auf das Garstige, von dem Gar-
stigen aber bis auf das Lügenhaftige, oder
Chimärische gefallen. Die Aeltesten, so
einen grossen Geschmak gehabt, waren die
Griechen, (ich rede hier nicht von den
ersten Erfindern der Kunst, sondern von
denen, so die Kunst auf den hohen
Grad der Schönheit und den besten Geschmak gebracht) diese erkannten, daß die
Künste für den Menschen gemachet, und
der Mensch nichts mehr als sich selbst lie-
bet, also auch die menschliche Gestalt das
würdigste Vorbild der Kunst seyn sollte,
darum wandten sie den größten Fleiß an
diesen Theil der Natur: Wie der Mensch
selbst, würdiger ist als seine Kleider, so
bildeten sie auch, die Menschen meistens
nakend ausser die Weiber, in welchen es
die Anständigkeit nicht erlaubete. Sie erkannten, daß der Mensch das würdigste
Geschöpfe der Natur ist, wegen der Bequemlichkeit seiner Schöpfung, diese Bequemlichkeit aber von seiner Gestalt, und
schönen Abtheilung der Glieder herkömmt,

D 3　　　　also

also gaben die ersten hauptsächlich auf die
Proportion Achtung. Sie sahen endlich, daß des Menschen Stärke von zwoen
Hauptregungen entspringet, nämlich die
Glieder zusammenzuziehen, gegen den
Leib ihr Centrum, und wieder auszustre-
ken, nämlich von dem Centro auszuflos-
sen; dadurch kamen sie zur Untersuchung
der Anatomie, und der ersten Jdee einer
Bedeutung und Ausdrukes. Ihre Gebräuche kamen ihnen zu Hülfe, durch das
was sie in ihren Wettspielen sahen, fiengen sie an daran zu denken, und durch
das Denken erkannten sie die Ursache von
dem, was sie sahen; endlich erhuben sie
sich mit der Jdee bis an die Gottheit, und sucheten aus der menschlichen
Natur die Theile, so mit der eingebilde-
ten Eigenschaft ihrer Gottheiten am meisten übereinstimmeten, so fiengen sie an,
zu wählen: Sie fiengen an alle die Theile,
so die menschliche Schwachheit bezeichnen von der göttlichen Natur abzusondern,
sie machten ihre Götter nach der menschlichen

lichen Geſtalt, weil dieſe der höchſte Be=
griff aller Geſtalten war, aber nicht nach
der menſchlichen Eigenſchaft und Noth=
dürftigkeit; ſo ward die Schönheit erzeu=
get. Endlich fanden ſie die ſtafelweiſen
Mittel zwiſchen der Gottheit und der all=
gemeinen Menſchlichkeit, vereinigten bey=
de Theile, und erfanden ſo die Geſtalten
ihrer Helden, und die Kunſt kam auf ih=
ren höchſten Gipfel, denn durch dieſe
zweyerley Naturen, die göttliche und die
menſchliche fanden ſie auch alle eigenſchaft=
liche Bedeutungen des Guten und Uebeln,
in der Geſtalt: Neben dieſen obgeſagten
Betrachtungen wurden ſie durch ihre Ge=
bräuche auch in Nebenſachen geübet, als,
in Gewändern, Thieren und dergleichen.
Dieſe Theile aber wurden bey ihnen alle=
zeit nur nach jedes Dinges Würde geach=
tet, ſo lange die Kunſt unter hohen Gei=
ſtern blieb, als aber niederträchtige See=
len Künſtler wurden, und das Urtheil
nicht mehr von den weiſen Philoſophen,
ſondern von den Reichen, Königen und

Herren

Herren herkommen mußte, so fielen die
Künste sacht und sachte in Kleinigkeiten,
auf die Weise, wie ich oben überhaupt
gesaget, bis man, schon zu deren Zeiten,
närrische Chimären, unmögliche und lü-
genhafte Sachen bildete; so kam die Gro-
teske Arbeit auf. Von der Zeit an ward
die Kunst nicht mehr der Vernunft, sondern dem Schikfale überlassen; war ein
Mächtiger von gutem Geschmake, so wurden einige Künstler zur Nachahmung der
schon damals Alten angereizet, die Schönheit aber in Werken, wurde nicht mehr
durch die Vernunft, sondern nur durch
die Augen regieret. Sie machten auf die
Weise der Alten, ohne sich der Ursachen
der Alten zu gebrauchen. Der Unterschied
so dieses in Werken macht, ist: Daß die
Sachen, welche die einfältige Nachahmung zuwegebringet, allezeit sehr ungleich
in sich selbst sind, weil oft auf diese Weise,
ein Theil scheinet von einem grossen
Mann gemachet zu seyn, und der andre
von einem dummen, darum soll auch der
Maler

Maler Acht haben, nicht nur den Wer=
ken, sondern den Ursachen eines andern
Künstlers nachzuahmen. Sind nun, mehr
als ein grosser Herr, nacheinander von
gutem Geschmake gewesen, wie unter ei=
nigen römischen Kaysern geschah, so hat
man manchmal eine Art von Licht in der
Kunst gesehen, welches aber auch bald
wieder erloschen. So ist die Kunst und
ihr Geschmak gestiegen und gefallen. End=
lich ist sie gar zu Grunde gegangen, da
die Künstler aus Unwissenheit anfiengen
nur nach der Gewohnheit wie Handwer=
ker zu arbeiten, hierdurch ward die Kunst
von Vornehmen und Geringen, von Wei=
sen und Thoren verachtet, und ihr durch
diese Verachtung die Mittel entzogen hö=
her zu steigen; bis sie endlich, weil sie
nicht in sich, wie viel andre Wissenschaf=
ten, die Nothdurft der Menschen zur
Stütze hat, sondern nur gleichsam ein
Zeichen des Ueberflusses und Verstandes
ist, gar vergessen wurde; in der Zeit näm=
lich, da die Welt voll Krieg war, und

die Menschen nur das Unterdrüken, einer
des andern, zu der Absicht ihres Thuns
macheten; in dieser Zeit, welche gleichsam als ein Schlaf der Welt anzusehen
ist, wo alles nur wie Träume zugegan-
gen, ward sie, wie alles, was sonst löb-
lich war, vergessen. Da nun endlich die
Welt wieder in eine Ordnung gekomnen,
so kamen auch die Künste wieder als aus
dem Nichts hervor; im Anfange, da die
noch übrige und ganz unterdrükte Griechen, welche doch nur durch den Gebrauch
der Bilder in der catholischen Religion
etwas von der Malerey gewußt, diese
Kunst wieder nach Italien gebracht, aber
so unvollkommen, daß nur der bloße
Wille darinnen zu sehen war, konnten
sie wegen ihrer Armuth und folgenden
Verachtung die Kunst nicht erheben; Als
aber die Malerey bey den Italiänern, so
damals reich und glüklich waren, beliebt
ward, so fieng die Kunst an, durch unterschiedliche am besten aber durch Giotto
etwas aus der Finsterniß gehoben zu werden.

den. Weil aber die Wahl nicht vor der
Kenntniß kommen kann, so suchten alle,
so vor Raphael, Titian, und Corregio
waren, nur die pure Nachahmung; also
war zu dieser Zeit gar kein Geschmak,
ein Bild war gleichsam ein Chaos, die
ersten wollten die Natur nachahmen, und
konnten nicht, die andern konnten die
Natur nachahmen, sie wollten aber gerne
wählen, und konnten dieses auch nicht.
Endlich zu der Zeit der drey grossen Lichter der Malerey Raphael, Corregio und
Titian, wurde die Malerey, wie die
Bildhauerey durch Michael Angelo, bis
zur Wahl erhoben, und durch die Wahl
kam erst der Geschmak in die Kunst.
Weil nun diese Kunst eine Nachahmung
der ganzen Natur ist, so ist sie allzugroß
für den menschlichen Verstand, und wird
allezeit bey dem Menschen mangelhaft
seyn. So war der erste Unterschied der
Maler, daß einer aus Unwissenheit bald
dieß, bald jenes ausließ, und mangelhaft
wählete; da aber diese drey Lichter kamen,

men, so erwähleten sie gewisse Theile aus
der Natur, die sie am ersten bezeichneten.
Ein jeder dieser grossen Maler wählete einen besondern Theil, und glaubte die
Kunst bestünde hauptsächlich darinne.
Raphael erwählete die Bedeutung, so er
in der Composition und Zeichnung fand.
Corregio wählete die Annehmlichkeit, so
er in gewissen Formen, hauptsächlich
aber, in Licht und Schatten fand. Titian erwählete den Schein der Wahrheit,
und fande diesen hauptsächlich in den Farben. So war nun der grösste unter ihnen, der den grössten Theil besaß, und
da die Bedeutung, ohne Streit, der einzige nützliche Theil der Malerey ist, so
ist auch ohne Streit Raphael der grösste.
Nach dieser folget in der Malerey die Annehmlichkeit, so ist Corregio der andre;
die Wahrheit ist aber mehr eine Schul-
digkeit als Zierde, so ist Titian der dritte.
Alle drey sind aber groß, weil sie, jeder,
Haupttheile der ganzen Kunst besessen,
alle andre Maler, so nach ihnen gekom-

men,

men, haben nur Theile von dem, was sie
besessen, gehabt, darum ist aller andere
Geschmak geringer als dieser, zu achten:
Weil nun aber das Idealische der aller,
höchste Theil und Begriff der ganzen
Kunst ist, so sind die alten Griechen gröf,
ser als diese alle, weil die Wahl ihres
Geschmakes alle sinnliche Vollkommen,
heit war; wenn ich aber meine Meynung
sagen solte, durch welche Wege sie zu sol,
cher Vollkommenheit gekommen, so denke
ich, die Ursache ist: Daß sie sich nicht so
ein weites Feld (mich Gleichnissen zu be,
dienen) zu bearbeiten vorgenommen, und
deßwegen mit gleichem Theile Vernunft,
wie ein Neurer gehabt, viel tiefer gra,
ben können, und sich dadurch dem Centro
der Vollkommenheit mehr genähert haben.
Eine andere Ursache, warum dieses bey
ihnen und bey uns nicht hat geschehen
können, war eben die, so ich oben ge,
meldet, nämlich: Daß bey ihnen die
Weisen, und bey uns oft die Thoren ur,
theilen, ein weiser Mann aber allezeit die

Sachen

Sachen, so von Menschen gemachet, mit
Menschlichkeit betrachtet, da der Thor
nur tadelt, und gleichsam aus andrer
Schade sich einen Zeitvertreib machet.
Da nun die Alten mehr als wir, die Vollkommenheit sucheten, so nahmen sie einen
einzelnen Theil, fiengen aber bey dem nöthigsten an, und brachten dieses lieber zur
Vollkommenheit, als daß sie viel unter-
nehmen und unvollkommen hätten lassen
sollen; da wir hingegen nur suchen den
Thoren vollkommen zu scheinen, und des
Weisern Lob ohne Geld nicht achten, und
der Gehorsam gegen den Liebhaber mehr
als Vernunft und Kunstregeln gelten muß.
Wir sind für die Schönheit der Künste
den Völkern schuldig, bey denen nicht das
Glük, sondern die Vernunft, Grösse war,
wo ein Philosoph der größte in der Stadt,
ein Künstler ein Philosoph genennet wurde: In solchen Ländern, und unter solchen Völkern wurden die Künste groß; da
solche Länder, solche Völker itzt nicht
mehr zu finden sind, so ist es schwer,

daß

daß zu unsern Zeiten die Künste wieder so hoch kommen könnten; will aber der itzige Künstler das allgemeine Uebel ungeachtet, doch den guten Geschmak in der Malerey suchen, so will ich ihm hier den Weg zeigen, durch welchen er dahin kommen kann, und ohne welchen es itzt fast unmöglich ist.

Anweisung des modernen Künstlers, zum guten Geschmake.

Zwey Wege sind, auf welchen man zum guten Geschmake kömmt, wenn man darauf gehet von der Vernunft begleitet, der eine ist schwerer als der andere. Der schwerste ist aus der Natur selbst, das Nothwendigste und Schönste zu wählen; der andere und leichtere ist aus den Werken, wo die Wahl schon geschehen, zu erlernen.

. Durch den erstern Weg haben die Alten die Vollkommenheit, nämlich Schönheit und guten Geschmack gefunden; die meisten,

meiſten, nach den obgeſagten drey Lich-
tern haben den guten Geſchmak auf die
letzte Weiſe gefunden. Dieſe drey aber
haben ihn theils auf die erſte, theils auf
eine mittlere Art erlanget, nämlich durch
die Natur und Nachahmung zugleich.
Den guten Geſchmak durch die Natur zu
finden, iſt viel ſchwerer als durch die
Nachahmung, weil zu dieſem Weg eine
Art philoſophiſcher Verſtand gehöret, um
recht zu urtheilen, was in der Natur gut,
beſſer, und das beſte iſt; da in der Nachahmung dieſes leichter zu finden, indem
wir der Menſchen Werke leichter als die
Werke der Natur begreifen können. Will
man aber die rechte Art Nachahmung
finden, ſo muß man ſich dieſer nicht miß-
brauchen, ſondern über die Werke der
groſſen Meiſter eben ſo denken und urtheilen, wie jene über die Natur geurtheilet
haben, ſonſt wird man an der Schale
kouen, und die Urſache der Schönheit ihrer Werke nicht begreifen lernen. Wie
aber der Menſch von ſeiner Geburt an
ſehr

sehr schwach, und in der Kindheit so genähret werden muß, wie die Natur es
vertragen kann, bis er durch die Reise
stark genug worden sich der härtesten
Speise zur Nahrung zu bedienen: Eben
so muß in der Erlernung einer Kunst mit
dem Schüler, mit dem schwachen Gehirne
des Unwissenden umgegangen werden; es
sollen ihm nicht gleich die härtesten Speisen, die stärksten Getränke, nämlich die
schweresten Sachen und höchsten Begriffe
vorgeleget werden, sonst würde sein Verstand entweder irrig und dumm, oder
hochmüthig werden, weil die Schüler
leicht glauben, sie wissen alles, wenn es
ihnen der Meister gesaget hat. Ein Schüler soll erstlich mit der reinesten Milch der
Kunst genähret werden, nämlich mit den
vollkommensten Werken der grossen Meister, deßwegen will ich auch hieher erst
setzen, wie man von der grossen Meister
Werken denken, und selbige betrachten
soll. Erstlich soll der Schüler nur die besten Sachen vor sich nehmen, und nie

E   nichts

nichts garſtiges leiden, noch beſehen, viel-
weniger nachmachen, die ſchönen Sachen
ſoll er aber nur richtig, ohne viel die Urſachen warum ſie ſchön ſind, zu ſuchen,
im Anfange nachmachen, dadurch wird
er die Richtigkeit des Auges, das nöthig-
ſte Werkzeug der ganzen Kunſt, erwerben.
Iſt er ſo weit gekommen, daß er dieſes
beſitzet, alsdann ſoll er anfangen über die
Werke der größten Meiſter mit Urtheil zu
denken, und ihre Urſachen erforſchen;
dieſes geſchiehet alſo: Der Maler beſehe
zum Exempel alle Werke Raphaels, Ti-
tians und Corregio, und betrachte was
er Schönes in jedem Stüke findet; findet
er in allen Werken jedes Meiſters einige
Sachen allezeit gut beobachtet und ſchön
gemachet, ſo iſt dieſes ein Zeichen, daß
beſagte Theile die Hauptabſicht und Wahl
des Meiſters geweſen: Wenn er aber
Theile in einigen Stücken findet, in andern nicht, ſo iſt das ein Zeichen, daß in
dieſen Theilen nicht die Stärke des Meiſters beſtehet, und ſie alſo nicht ſeine Abſicht,

ſicht, noch Geſchmak geweſen, und darum alſo auch nicht die Urſachen der
Schönheit ſeiner Werken und Geſchmakes ſind. In der Malerey ſind aber zwey
Theile, worinne Schönheit zu bezeichnen
iſt, nämlich Form und Farben: Zur
Form gehöret auch Licht und Schatten;
durch die Form werden alle Bedeutungen
der Regurſachen bezeichnet, durch Farben
die Eigenſchaften. Regurſachen heiſſe ich
alle menſchliche Leidenſchaften, Eigenſchaften aber alles, was man weich, hart,
feucht, troken, und dergleichen nennet.
Alſo ſage ich zum Exempel, Raphael hat
die Bedeutungen aufs höchſte beſeſſen, und
dieſe ſind Urſache ſeiner Schönheit: Dieſe
findet man in allen ſeinen Werken in den
ſchönſten und in den ſchlechteſten, er hat
in den ſchönen, Licht und Schatten oft
gut, einigemal auch wohl gefärbet, dieſe
Schönheiten aber ſind nicht durch Ueberlegung in ſeine Werke gekommen, ſondern nur durch die Nachahmung der Natur, alſo iſt in ſeinen Werken der Theil

der

der Bedeutung zu betrachten und zu erlernen. Die Vollkommenheit der Bedeutung bestehet darinne, daß, zum Exempel, ein zorniger, ein fröhlicher, ein trau-
riger Mensch, und so durch alle Leidenschaften, nichts anders als eben das bedeuten könne, und mit solcher Stärke
und Maaße als es in jeder Geschichte nöthig ist, damit man in einem Werke durch
die Gestalten die Geschichte erkenne, nicht
aber durch die Geschichte nur die Bedeutungen finde. So betrachte man die Werke des Corregio, man wird in ihnen mehr
Annehmlichkeit als in aller andrer Meister Werken finden; es muß also der Maler wissen, welches Theil der Malerey die
höchsten Annehmlichkeiten verursache. Die
Malerey wird durch die Augen angenehm,
die Augen aber finden in der Ruhe ihr
Vergnügen; diese Ruhe der Augen zu
verursachen, und zu schmeicheln ist kein
Theil der Malerey tauglicher als Licht
und Schatten, und Harmonie, und diese
waren der Theil des Corregio. Man betrachte

trachte alle seine Werke um in allen diese
Theile beobachtet zu finden. Indem er
die Ruhe der Augen suchte, fand er auch
die Großheit der Formen, weil alles kleine die Augen mehr als das grosse bemü-
het, und dieses war die Ursache seiner
ganzen Schönheit. So suchte Titian die
Wahrheit, nicht aber auf demselben
Wege wie Raphael: Raphael bildete
den ganzen Menschen, hauptsächlich
aber die Seele, und die Ursache des
Menschen und der menschlichen Wirkungen; Titian aber suchete die Wahrheit in der Materie des Menschen, und
aller andrer Sachen, darum befliß er sich,
aller Dinge Eigenschaft und Seyn, zu
bedeuten, durch derselben Farben, dazu
kam er auch: In seinen Werken hat jede
Sache die Farbe, die sie haben soll.
Sein Fleisch scheinet Blut, Fett, Feuch-
tigkeit, auch Sennen und Adern zu haben, und bringet uns dadurch den grossen Schein der Wahrheit zuwege. Dieß
ist also der Theil den man in ihm zu su-

chen hat, und allezeit in seinen Werken,
in schönen und geringern auch finden
wird. Dieses waren die Ursachen der
Wirkungen und Schönheiten dieser drey
grossen Leute, und auf diese Weise soll
man auch in allen grossen Meistern die
Ursache ihrer Schönheit untersuchen; ich
aber habe den Weg dieser Untersuchung
gezeiget, wenn ich sagete: daß man betrachten soll, was ein Meister allezeit beobachtet, was sich in allen seinen Werken findet: Dadurch kömmt man zur Erkenntniß ihrer Ursachen, diese Ursachen
aber kommen von ihrem natürlichen Gefühle, ich will aber auch etwas sagen,
auf welche Weise sie sich diese Gefühle zu
einem eigenen Geschmake gemachet:
Dieses waren kluge Leute, und hatten,
wie ich oben gesaget, eine Art philoso-
phischen Verstand; sie erkannten, daß ein
Mensch nicht in allen Stüken vollkommen seyn könnte, und weil sie das einsa-
hen, so wähleten sie jeder den Theil,
worinn sie glaubten, daß die höchste Voll-
kommen-

kommenheit der Kunst bestünde, und wodurch sie, erstlich sich selbst, und folgends
andre, rühren und ihnen gefallen könnten.
Also hatten alle drey eine gleiche Absicht,
nämlich zu gefallen und zu rühren, niemand kann aber durch materialische Werke rühren, er bringe denn in selbige die
Ursache die ihn bewegete, und muß er also von gleicher Sache in der Natur gerühret worden seyn. Das ist der Fall
dieser Meister, sie zeigeten was sie gefühlet hatten: Warum sie aber, jeder auf
unterschiedene Theile gefallen, und jeder
einen andern Theil gewählet hat, kömmt
von ihrem natürlichen Temperamente.
In Raphael muß ein gemäßigtes Gefühl
nebst gährendem Geiste gewesen seyn,
welche in ihm immer bedeutende Gedanken erzeuget, und dadurch ihm auch alles bedeutende mehr gefallen, gemachet.
In Corregio ein sehr sanfter und weichlicher Geist, so ihm vor allem zuscharfen
und zubedeutenden einen Abscheu erreget,
und dadurch ihn alles Angenehme und

Sanfte erwählen gemachet. Titian aber
muß weniger Geist als diese zween gehabt,
und wie jedes sein gleiches fühlet, er dadurch auch mehr die Materie als das Geistige der Natur gefühlet haben. Also
bleibt allemal Raphael der größte.

Ich habe im Anfange gesagt, der Geschmak komme daher, daß, wenn man
diese oder jene Theile erwählet, man diejenigen, so nicht die erforderlichen Eigenschaften besitzen, verwerfe oder auslasse;
denn der Geschmak der Künste ist in diesem Stüke dem Geschmake des Gaumens
ähnlich, wie man sauer, süß, und bitter
nur dasjenige heisset, welches keinen andern Geschmak als diesen allein hat, oder
wenigstens in der vorzüglichsten Stärke
hat; so heisset auch in der Kunst, eine
Sache von angenehmem, von wahrem,
von bedeutendem und jedem andern Geschmake, wenn diese Theile sich nicht miteinander verwirren, sondern einer derselben hauptsächlich darinnen herrschet, und
die ihm unnütze, aus dem Werke verworfen

fen find. So hat Raphael in der Erfindung seiner Werke gleich bey der Bedeutung angefangen, auf diese Weise, daß
er kein Glied gereget, wenn es nicht von-
nöthen gewesen, und etwas bedeuten sollen, ja auch in jeder Figur, und in jedem
Gliede, keinen Strich gemachet ohne einigen Grund der zur Hauptbedeutung
dienete; von der Erschaffung der Menschen an, bis auf die gerinste Regung
dienet alles in seinen Werken zu einer
Haupturfache: Also da er alles unbedeutende verworfen, so ist er voller bedeutender Schmakhaftigkeit. Die Ursache
aber warum Raphaels Werke nicht einem
jeden, sobald wie andre Werke gefallen,
ist, daß seine Schönheiten, Schönheiten
der Vernunft und nicht der Augen sind,
also nicht gleich durch das Gesicht gefühlet werden, bis sie den Verstand gerühret
haben, alsdann werden sie erst gefühlet.
Da nun viele Menschen den Verstand von
sehr schwachem Gefühle haben, so fühlen
sie oft die Schönheiten dieses Malers gar

nicht. Da nun Raphael sich die Bedeutung zum Hauptvorwurfe genommen, so
hat er auch in jedes Bild, nachdem es
die Geschichte verlangete, eine andre und
unterschiedne Bedeutung gebracht, und da
er diese Bedeutung in allen Theilen der
Malerey gehabt, wie ich hiernächst sagen
werde, so hat er die Bedeutung zu einem sich eigenen Geschmake gemachet.
Eben auf gleiche Weise, nämlich durch
Auslassung alles dessen, was nicht zum
Hauptzweke nöthig war, erwarb Corregio
den Geschmak der Holdseligkeit, und Titian, den der Wahrheit. Um meinen Le-
sern keine Dunkelheit in diesen wenigen
Blättern zu lassen, will ich den Geschmak
dieser drey Künstler noch ausführlicher be-
schreiben, und sie durch alle Theile der
Malerey erläutern, und erklären, wie ich
die Ursache in ihren Werken, und in jedem Theil derselben, befunden. Also will
ich bey der Zeichnung anfangen, folgends
zum Licht und Schatten schreiten, endlich zur Colorite, weiter zu der Composition,

fition, Falten, Harmonie, um zulezt
das, was ich schon von ihrem Geschmake
gesagt, zu bestätigen.

Betrachtung der Zeichnung des Raphael, Correggio, Titian, und ihrer Absichten bey der Wahl derselben.

Raphael war nicht allezeit sich selbst
gleich, er sieng auch in der Kunst mit
Lallen an, ehe er seinen eigenen Willen
recht ausssprechen konnte. Er hatte aber
das Glük in der Zeit der Unschuld und
wahren Kindheit der Kunst, gebohren zu
werden. Also lernete er im Anfange
nichts, als die pure Wahrheit nachahmen.
Diese brachte ihn zu einer grossen Richtigkeit des Auges, die ihm hernach zum
Grundsteine des herrlichen Baues seiner
Kunst dienete. Bis dahin wußte er nicht,
daß eine Wahl wäre, da er aber die
Werke des Leonardo da Vinci, und Michael Angelo zu Florenz gesehen, wachte
sein

sein grosser Geist auf, und sein gährender
Verstand ward durch diese erweket weiter zu denken als die bloße Nachahmung.
Diese Werke hatten zwar eine Art Wahl
und Grösse, da sie aber nicht schön genug
an sich waren, konnten sie dem lieben
Raphael den gewissen Weg nicht zeigen,
durch welchen er die Wahl finden könnte,
weil eine Sache, um andern sich mitzu-
theilen, nicht nur gut, sondern überflüßig
schön seyn muß. Er blieb also noch einige Zeit in einer Art Dunkelheit, und
gieng nur mit wankenden Schritten fort.
Da er aber endlich in Rom die Werke
der Antiken gesehen, da fand sein Geist
zum erstenmale etwas, das mit ihm
übereinstimmete, und seinen Verstand erhitzen konnte. Er hatte die Richtigkeit
des Auges als einen festen Grund geleget, es ward ihm also nicht schwer den
Antiken nachzuahmen, wie er vorhin der
Natur nachgeahmet hatte; doch er verließ diese schöne Gewohnheit, der Natur
zu folgen, nie, sondern erlernete durch
die

die Antiken nur aus der Natur wählen,
er fand, daß sie nicht allgemein allen Kleinigkeiten nachgehangen, sondern, daß sie
nur das Schöne der Natur, mit dem
Nothwendigen, gewählet, und das Ueberflüßige verworfen; also erkannte er, daß
eine der Haupturfachen der Schönheit der
Antiken in ihren Maaßregeln bestanden,
daher verbesserte er erstlich die Kunst in
diesem Stüke. Er erkannte, daß in dem
menschlichen Baue die Knochen und ihre
Gelenke die Ursache ihrer Bequemlichkeit
wären, und daß die Alten auch auf diese
den größten Fleiß gewandt. Also erforsch-
te er die Ursachen der Schönheit der Alten, und begnügte sich nicht, wie nach
ihm andere grosse Meister gethan, an der
äusserlichen Nachahmung. Ich zweifle
auch nicht, daß, wenn Raphael die Gelegenheit gehabt hätte, lauter Idealische
Bilder vorzustellen, er den Antiken Werken nicht noch näher gekommen wäre;
da aber die Gebräuche seiner Zeit von den
Gebräuchen der alten Griechen sehr unter-

schieden,

schieden, und schon damals die hohen Gedanken in niedrige verwandelt waren,
so konnte er, nach feinem hohen Geiste
nichts in den Gebräuchen seiner Zeit finden, so ihn vergnügete, als die Bedeutung. Diese fand er theils in den Antiken, am meisten aber in der Kenntniß der
Natur; von jenen begnügte er sich die
Hauptformen zu gebrauchen, viel öfter
aber wählete er in dem Leben das so jenen am nähesten kam, und ahmete dieses
nach. Alsdann führete ihn sein hoher
Geist weiter biß zur Untersuchung der
Bedeutung jeder Forme. Er erkannte
dadurch, daß gewisse Gesichtsstriche auch
gewisse Bedeutungen hätten, und insgemein ein gewisses Temperament mit sich
führen, so auch, daß zu einem solchen
Gesichte, eine gewisse Art Glieder, Hän-
de und Füsse gehören, diese fügete er mit
größter Bescheidenheit zusammen, und
machte dadurch auch die Gestalten der
Regung und Figur gemäß; wenn er aber
zur Uebung der Zeichnung schritt, dachte

er

er allemal von neuen auf die Hauptsachen, erstlich an die Maße, folglich an
die Hauptformen, hernach an die Knochen und Gelenke, dann an die Haupt-
muskeln und Sennen, endlich an die geringsten Muskeln bis auf die Adern und
Runzeln, wenn es nöthig war; allemal
aber ist in seinen Werken zu sehen, daß
die Haupttheile immer vorleuchten: Wenn
in Raphaels Zeichnung etwas abgehet, so
sind es die geringsten Theile. Es geben auch
seine geringsten Werke Zeugnisse seines
Verstandes, denn wenn er auch nur mit
wenig Strichen etwas bezeichnet, so sind
es gleich die Hauptsachen, und was mangelt ist allezeit wenig, gegen dem, was
da ist — das Nöthige mangelt nie, das
Ueberflüßige immer. In der Art seiner
Striche ist er auch bedeutend, sein Fleisch
ist rund, seine Sennen gerade, seine Knochen ekigt, so iedes mehr und weniger
nach seinen rechten Eigenschaften, und
alles ist wahr in ihm. Dieses ist für den,
so sich bemühen will zu denken, genug
von

von Raphaels Zeichnung gesaget — ich
gehe weiter, um von der Zeichnung des
Corregio etwas zu melden.

Corregio ward eilf Jahre nach Raphael
gebohren, die Kunst war zu der Zeit noch
in eben der Einfalt; er fieng gleichsam an
nur die Nachahmung der Natur zu suchen, da ihn aber mehr das Annehmliche
als das Vollkommene rührete, so fand
er den Weg der Annehmlichkeit erstlich,
durch die Einförmigkeit, und benahm
seinen Zeichnungen alle Schärfen und
Eken, da er aber weiter kam, und durch
Licht und Schatten überwiesen ward, daß
die Großheit der Theile zur Annehmlichkeit hilft, so fieng er an, die Kleinigkeiten auszulaffen, und die Formen zu ver-
grössern, alle Angeln zu vermeiden, und
brachte dadurch eine Art von grossem Geschmake auch in der Zeichnung zuwege,
so aber nicht allezeit mit der Wahrheit
übereinstimmt. Seine Umrisse machte er
schlängelnd, überhaupt war seine Zeichnung zwar unrichtig, aber groß und angenehm;

genehm; deßwegen soll der Maler diese
Weise nicht verwerfen, sondern auch in
dieser Blume Honig saugen, nämlich dieser Schönheiten sich da gebrauchen, wo
die Natur mit ihnen übereinstimmet, und
wo es die Eigenschaft der Sachen erlau-
bet. Wenn Corregio manchmal einen
Theil nach einer Schönen Sache gezeichnet, so ist er durch die Nachahmung auch
schön geworden. Dieses sey von ihm auch
genug.

Titian war um eben die Zeit. Er hat
aber an der Zeichnung weiter keinen
Theil als die Nachahmung der Natur,
hat er sie schön gefunden, so hat er sie
auch schön nachgemachet, denn die Richtigkeit des Auges hatten alle Maler dieser Zeit; hätten alle so gut wie Raphael
gewählet, so würden sie alle so gut als
er gezeichnet haben. Ich kann also auch
diesen lassen, und zur Betrachtung des
Lichts und Schattens dieser Meister
schreiten.

F   Betrach-

Betrachtung ꝛc. des Lichts und Schattens des R. C. T.

Raphael hatte zuerst gar keinen Begriff von Licht und Schatten; er suchte nur dem Leben nachzuahmen; wie aber die Nachahmung ohne Wahl nichts schönes hervorbringen kann, so waren auch seine Werke in diesem Stüke ohne alle Schönheit. Da er nach Florenz gekommen, und die Werke der dasigen Meister gesehen, erst da fand er, daß eine Großheit in Licht und Schatten wäre; durch die Bekandtschaft des Fra Bartholomäo de Sant Marco und die Werke des Masacci erkannte er, daß auf einem erhabenen Gliede, keine starke Falten noch andere Dunkelheiten die es zertheilen, stehen sollen; so, fieng er an nicht mehr ohne Unterschied nach dem Leben zu machen, sondern er suchete den Theil, den man Massen heisset, und hielt seine Lichter an den erhabensten Orten zusammen, so in bekleideten wie in nakenden Bildern, dadurch

durch kam in seine gauze Werke eine solche Deutlichkeit, daß man auch garz von
ferne gleich eine Figur verstehen kann,
und dieß ist ein sehr nützlicher und noth-
wendiger Theil der Malerey. Da er aber
nach Rom kam, und die Werke der Antiken sah, so bestätigte er sich noch mehr
in diesem Geschmacke, durch die Nachahmung derselben bekam er eine grosse Ein-
sicht in die Rundigkeit jedes Theiles, und
bis dahin ist er auch nur gekommen. Er
hat zwar manchmal Massen gemachet, da
er aber allezeit auf Bedeutung und Wahrheit seine Hauptbemühung setzete, so begnügte er sich mit dem Theile des Lichtes und Schattens, so durch die Nachahmung und nicht durch die Idee kömmt.
Er hatte den Gebrauch, meistentheils auf
seine vordersten Figuren das stärkste Licht
und Schatten zu setzen, als wenn alle
Gewänder und alle Sachen von einer
Farbe wären. Er trieb das Licht jeder
Farbe seiner vordern Figuren bis auf das
weisse, und alle Schatten bis auf das

schwarze.

ſchwarze. Dieſe Gewohnheit kam daher,
daß er allezeit nach kleinen Modellen ſeine ganze Geſchichte zeichnete, auch wenig
gemalete Scizzi machete, daher gewöhnete er ſich ſeine Bilder ſo in. Licht und
Schatten zu zeigen, als wären ſie alle
nach Statuen ſchattiret; nämlich, je näher ſie dem Auge waren, deſto ſtärker bildete er ſie von Licht und Schatten, je ent-
fernter, deſto ſchwächer. Dieſes haben
die größten Meiſter des Lichts und Schattens nicht gethan, und iſt Raphael in dieſem nicht allezeit zu folgen, ſondern vielmehr dem Corregio. Dieſer fieng auch
an bloß nach dem Leben ſeine Werke zu
richten, da er aber von ſo weichlichem
Gefühle war, konnte er die Härte ſeiner
Meiſter nicht leiden. Er fieng erſtlich an,
die innern Kleingkeiten auszulaſſen, und
alle Sachen weichlicher zu machen, aber
durch die engen Formen der einfältigen
Natur, ward er allemal gezwungen, die
Lichter den Schatten ſo nahe zu ſetzen,
daß ſie durch dieſen gähen Unterſchied ſei-

nen

nen Augen noch eine Art Unleidlichkeit
verurſacheten. Darum ſuchte ſein weich-
liches Gefühl tiefer in dem Schauplatze
der Natur, und er erkannte: Daß alles
was groß iſt, den Augen um der Ruhe
und ſanften Regung willen, ſo ſie dadurch
ſpüren, angenehm iſt. Alſo fieng er an,
ſeine Hauptformen zu vergröſſern, er ſah,
daß das allzuviele Licht ihn zwang, zu-
häufige Sachen (wenn er anders die Natur nachahmen wollte) zu bezeichnen.
Dadurch fand er den Weg, ſich wenigern
Lichtes als ſeine Meiſter gebrauchet, zu
bedienen. Er ſtellete auch das Leben auf
ſolche Weiſe, daß ein kleineres Theil be-
leuchtet ward, ſo daß faſt nur die Hälfte
Licht, und die andre Hälfte ſeiner Körper
dunkel blieb. Weil die Finſterniß aber,
dem Menſchen insgemein zuwider iſt, ſo
fühlete er, daß die Wiederſchein·zur Annehmlichkeit ſehr tauglich wären; durch
dieſe unterbrach er alle ſeine Schatten,
und bekam durch wenig Licht und viel
Reflexen, viel Groſſes und wenig Kleines,

F 3 · viel

viel Abstechendes und wenig Grelles in seine Werke, also den angenehmsten Schein.
Da er erkannte, daß alle Sachen, und
alle Farben, durch mehr und weniger
Eindruk des Lichts und Schattens schön
oder garstig werden, so verstörete er nie
ohne höchste Nothwendigkeit die Lichtig-
keit der Körper, auch in ihren Schatten:
Dadurch wirkete er eben die Deutlichkeit,
wie Raphael, mit vielmehr Süßigkeit,
und seine Werke scheinen, je weiter sie
aus dem Gesichte kommen, desto stärker:
Eh er aber zu der Vollkommenheit seines
Geschmakes kam, blieb er noch einige
Zeit auf den Randen seiner Lichter etwas
abgeschnitten, wie auch selbst die Natur
thut, wenn das Licht sehr von der Seite
genommen wird, und stark ist: Endlich
aber brachte er es so weit, daß er allem
die höchste Weichlichkeit und Annehmlichkeit gab. Er that in seinen ganzen Vor-
stellungen nicht wie Raphael, sondern er
setzte Licht und Dunkel an den Ort, wo
es ihm am besten zu wirken schien: Kam

das

das Licht von selbsten und natürlich auf
die Stelle, wo er es hinwünschete, so
machte er es wie er es fand, wo nicht,
so setzte er auf diesen Ort, ein Licht,
oder dunkele Materie, Fleisch, Gewand,
oder andre Sache, so daß er den Schein
den er wünschete, zuwegebrachte; dadurch
erfand er eine idealische Schönheit des
Lichtes und Schattens. Zu diesen Theilen des Lichts und Schattens brachte er
auch noch eine Art Harmonie desselben
zuwege, nämlich er theilte seine Lichter
auf solche Weise ein, daß das höchste Licht
wie auch der stärkste Schatten nur an einem Orte in seinem Bilde vorkamen;
durch die grosse Süßigkeit seines Gefüh-
les, fand er auch, daß die starken Gegen-
sätze des Lichts und des Schattens allezeit eine Härte verursachen, darum setzete
er nicht wie viele andre Meister, so in
Licht und Schatten die Schönheit gesuchet, das schwarze gegen das weisse, sondern er machte seine Abwechslung allezeit
leise, er setzte nie schwarz gegen weiß,

F 4　　　　sondern

fondern dunkelgrau gegen fchwarz, und
lichtegrau gegen weiß, fo blieben feine
Bilder allemal füffe. Er hütete fich, gleich
groffe Maffen von Licht und von Dunkel
zufammenzufetzen, hatte er eine Stelle
von ftarkem Lichte oder Schatten, fo fügte
er ihr nicht gleich eine andre bey, fondern machte einen groffen Zwifchenraum
von Mittelteint, wodurch er das Auge
gleichfam als von einer Anfpannung wieder zur Ruhe führete. Durch diefe fteti-
ge Abwechfelungen wird das Auge des
Anfchauenden allezeit in einer unterfchie-
denen Regung gehalten, und verlieret nie
die Luft fo ein Werk zu betrachten, worinnen es immer neue Annehmlichkeiten findet, deßwegen ift auch Correggio in diefem
Theile als der größte Meifter zu fchätzen.
Der Theil des Lichtes und Schattens ift
nöthiger als man insgemein glaubet, die
Klugen und die Dummen kennen ihn, und
wiffen, ob er in einem Werke ift, oder
nicht, die Zeichnung aber, verftehen nur
die Kenner; und ift Licht und Schatten
irgendwo

irgendwo mit folchem Verſtand angebracht wie in den Werken des Correggio,
nämlich, daß es einen Einfluß auf alle
Theile der Kunſt bekömmt, ſo iſt es allein
vermögend ein Werk höchſtlöblich zu machen. Deßwegen rathe ich einem jeden
Maler den Correggio wohl zu beobachten
und nachzuahmen.

Titian ſo ebenfalls die Nachahmung
der Natur zum Grunde geleget, hatte in
dem Theile des Lichtes und Schattens
nicht viel Wahl, was man in ihm etli-
chemale ſchön findet, iſt nicht durch die
Unterſuchung dieſes Theiles gekommen,
ſondern, indem er die Natur in ihren
Farben nachzuahmen ſuchete, ſah er:
Daß dieſes nicht möglich ſey, ohne auf
den Grad ihres Lichtes Acht zu haben;
alſo fand er, daß eine Luft um natürlich
zu ſcheinen, lichte ſeyn müßte, weil die
Farbe der Luft alſo iſt, ſo, daß die Erde nicht ſo lichte wie die Luft, das Fleiſch
lichter als die Erde ſeyn ſollte —— ſolche
Betrachtungen führeten ihn einigemale zu
einer

einer Art Schönheit in Licht und Schatten, welche aber, wie ich gesaget, durch
die Eigenschaft der Farben gekommen:
Da er aber die Nachahmung der Natur
im höchsten Grade gesuchet, ist er nicht,
als ganz ohne Verständniß des Lichtes
und Schattens anzusehen, sondern ich
sage nur, daß dieses nicht die Ursache seiner Schönheit war, daß die Verständniß
der Farben sein Theil ist. Er ist oft in
grosse Härtigkeit des Lichtes und Schattens, indem er den Gegensatz suchete, ver-
fallen, auch öfters flach worden, wodurch
man leicht ersehen kann, daß er nicht den
größten Fleiß auf diesen Theil gewandt,
sondern davon nur so viel gehabt als zur
Bedeutung der Eigenschaften der Dinge
nöthig war   So will ich itzt von der Colorite dieser Meister reden.

Betrachtung ꝛc. der Colorite des R. C. T.

Weil ich die Ordnung so angefangen,
Raphael die erste Stelle zu geben, so will
-ich

ich auch in diesem Theile am ersten von
ihm reden, ob er gleich darinne von den
drey größten der letzte zu achten ist. Raphael fieng erstlich an, nach damaligen
Gebrauche die Malerey mit Wasserfar-
ben zu erlernen; da in dieser Weise etwas schwerer als in andrer Art Malerey
zu coloriren ist, so war er gleich seinen
Meistern, von einem rauhen Geschmak
in diesem Theile. Folgend kam er zum
Frescomalen, wo man sich des Lebens
nicht leicht bedienen kann, und viel aus-
wendig arbeiten muß, wodurch er sich
vollends einen gewissen Gebrauch machete,
der ihn von der Zärtlichkeit der Natur
etwas abzog. Bey Fra Bartholomäo zu
Florenz, gewöhnete er sich zu einem guten Haupttone, den er auch behielt; und
da er zu eben der Zeit das Oelfarbma-
len wohl erlernete, verbesserte er seine
Farben, und brachte auch seine Fresko-
malerey in einen schönen Geschmak, doch
blieb er allezeit gegen die andern zween
grossen Meister dik und schwerscheinend in
seinen

keinen Farben. Ich halte mich also nicht
länger bey ihm auf, genug wenn ich sage,
daß dieser nicht der Theil ist, der ihm
nachgeahmet werden muß, sondern dem
Titian.

Corregio hat gleich bey der Oelfarben-
malerey angefangen; da diese zur Wei-
chigkeit am tauglichsten ist, so lernete er
gleich, eine Art weiche Saftigkeit in seine
Bilder bringen. Durch Licht und Schatten sah er, daß die Farben, so nicht saftig und durchsichtig sind, keinen wirklichen
Schatten bedeuten können, also suchte er
durchsichtige Farben, und Arten von Laf-
strungen das dunkele wahrhaftig dunkel
scheinen zu machen. Die Ursache, warum die dunkeln Farben, so nicht saftig
sind keinen wirklichen Schatten bedeuten
können, ist: Daß der Lichtstrahl auf ihrer Oberfläche bleibet, und sie also, zwar
eine dunkele aber beleuchtete Sache scheinen; da hingegen die saftigen Farben die
Lichtstrahlen durchgehen lassen, also ihre
Oberfläche wirklich dunkel bleibet. Er sah

aber

aber auch daß es desto nöthiger war, die
Lichter stark zu impastiren, weil ihr Cor-
pus so beschaffen seyn soll, daß es durch
das Tageslicht noch mehr Licht empfan-
gen könne.   Daraus daß alle Schatten
der Finsterniß, dem Lichte die Lichter an-
gehören, erkannte er: Daß alle Finsterniß zwar schwarz, das Licht aber weil es
von der Sonne entspringet nicht weiß,
sondern gelblicht ist, die Wiederscheine
aber nach der Farbe des Cörpers woher
sie kommen, sich richten müssen; dadurch
kam in seine Werke der rechte Verstand
der Hauptfarben in diesen drey Theilen,
Licht, Schatten, und Wiederschein; besonders aber sind die Schattenfarben des
Correggio vor allen zu preisen, seine Lichter machte er aus allzugrosser Liebe des
Scheins des Lichtes und Schattens, allzu-
lichte und rein, welches sie allezeit etwas
dike und das Fleisch nicht durchscheinend
genug aussehen machet. In diesem Theile
gab Correggio dem Leben etwas zu, und
machte es mehr wie Licht und Schatten

es

es verlangete, als nach der wahren Eigenschaft der Materie.

Titian, so ebenfalls in dem Jahrhunder-
te der Nachahmung zu malen anhub, und
es gleicher Weise mit der Oelfarbe geler-
net, führete sein Gefühl gleich zu den Eigenschaften. Da er aber sowol Figuren
als Landschaften nach dem Leben malete,
so empfieng er eine wirkliche Erkenntniß
der Natur. Der Gebrauch Porträte zu
malen übte ihn weiter, in diesen, so daß
er genöthiget ward unterschiedliche Sachen und Kleinigkeiten, auch starke, grelle,
sehr schönfärbige Gewänder und Nebensachen, zumalen, also mußte er Fleiß an-
wenden diese zu vereinigen, und wohlan-
ständig miteinander zu machen. Da er
nun sah, daß diese Sachen in der Natur gefällig, in Gemählden aber, leichtlich übel thun, so befliß er sich, die Natur recht nachzuahmen, er bemerkete, daß
in dieser sich zwar die schönfärbigen Sachen finden, aber auch leichtlich durch
Wiederscheine, durch die Porosität ihrer

Cörper,

Cörper, durch die Farbe des Lichtes,
und so weiter, unterbrochen werden; also
sah er auch, daß in jeder Sache viel Mittelteinte sich fänden, dadurch kam er zu
einer Harmonie; endlich entdekte er, daß
jedes Ding in der Natur eine unterschiedne Zusammenfügung hat, von durchsichtig, von dike, von rauh und glatt, daß
alle Sachen verschieden von Farben sind
in Dunkelheit und Teints; also suchte er
in der Nachahmung dieser Unterschieden-
heit die Vollkommenheit der Kunst, er
fand sie auch durch die stete Nachahmung
der Natur, zuletzt nahm er aus jedem
Theile das meiste vor das ganze, nämlich: Ein Fleisch so viel Mittelteints hatte,
machte er überhaupt im Mittelteinte, dasjenige, so deren wenig hatte, machte er
fast ohne Mittelteint. So das röthliche
fast ohne andre Teints (dieses verstehet
sich allezeit nebst der Nachahmung der
Wahrheit) und gleichermeise in jeder übrigen Farbe; dadurch kam in seine Werke
der Geschmak der Farben, und ist er in
diesem

diefem Stüfe der vortreflichfte und eigentlich nachzuahmen; er fand durch die Bezeichnung der Hauptfarben auch die Haupt-
maffen, wie Raphael durch die Zeichnung,
und Correggio durch Licht und Schatten.

Betrachtung ꝛc. der Compofition des R. E. T.

Da ich von der Compofition, oder Zu-
fammenfügung der Figuren reden will,
kann ich mit Recht bey Raphael anfangen, und brauche bey diefer Gelegenheit
keine Entfchuldigung noch Rechtfertigung,
denn diefes ift fein Theil. Raphael, bey
der Wahrheit erzogen, fuchte die Wahrheit in fich felbft, und fand fie nebft der
Bedeutung. Er fieng mit der größten
Unfchuld an, und war erftlich, kalt, aber
wahr, bis ihm die Reife der Jahren auch
ftärkre Gemüthsregungen gab. Sein
Geift, der, (wie ich oben gefaget) einen philofophifchen Verftand hatte, ward
nicht von jeder auch unwürdiger Sache
gerühret, fondern nur von dem, was
eine

eine Bedeutung hatte, er fühlte mehr das
Tugendsame als das Schlechte der menschlichen Natur, ausser (wie man saget) in
einem einzigen Laster. Er war so zur
Wahrheit erschaffen, daß er sich selbst
nicht über sie erheben konnte, er suchte
das beste aus dem Menschen aus, er konnte aber nicht, die Menschlichkeit gar, wie
die alten Griechen, verlassen; der Geist
der Griechen schwebete gleichsam als in
der Hälfte zwischen der Welt und dem
Himmel, Raphael aber gieng nur mit
Großmuth auf dem Erdboden. Die ersten Begriffe der gebildeten Bedeutung
bekam er, da er des Masacci Werke sah,
und die Cartonen des Leonardo da Vinci,
nach diesen betrachtete er die Natur in
ihrem ganzen Wesen, hauptsächlich aber
die Leidenschaften der Seelen, und wie
diese den Cörper rühren. Wenn Raphael
ein Bild ersann, so dachte er erst an die
Bedeutung desselben, nämlich: Was er
vorstellen sollte, folgends, wie vielerley
Regungen in den gebildeten Menschen

G   seyn

ſeyn könnten, welche die ſtärkſten und die
ſchwächſten wären, in was vor Menſchen
dieſe oder jene angebracht, und was vor=
ley Menſchen, und wie viel da eingefüh=
ret werden können, wo jeder, nämlich
wie nahe und ferne er von der Haupt=
bedeutung ſtehen müſſe, dieſes oder jenes
Gefühl zu haben; ſo dachte er ob ſein
Werk groß oder klein ſeyn würde. Wenn
ein Werk ſehr groß war: Wie viel die
Hauptgeſchichte, oder die Bedeutung der
Hauptgruppen die andern angehen könnte
ob die Geſchichte augenbliklich oder lang=
wierig war, ob ſie in ihrer Beſchreibung
ſehr bedeutend, ob vorher etwas geſche=
hen ſo die ißige Handlung angehet, und
ob aus dieſer bald eine andre Geſchichte
floß, ob es eine ſanfte, ordentliche Ge=
ſchichte, oder eine ſtürmiſche unordentli=
che, eine frölich unordentliche, traurig
ſtille, oder traurig verwirrte war: Wenn
Raphael dieſes erſt bedacht hatte, ſo wäh=
lete er das nothwendigſte, darnach rich=
tete er ſeine Hauptabſicht, und dieſe machte

er

er deutlich, alsdann setzte er stafelweise
alle Gedanken nach ihrer Würde, immer
die nothwendigern vor den unnöthigern,
blieb also sein Werk mangelhaft, so blieb
nur das geringere weg, und das schönste
war da, da bey andern Künstlern oft das
nöthigste fehlet, und die Artigkeiten im
Unnützen gesuchet sind; wenn er aber an-
fieng auf die Figuren insbesondere zu denken, so dachte er nicht wie die andern
erstlich an die schöne Stellung, und betrachtete hernach, ob die Figur zu der Geschichte taugen könnte, sondern er dachte
gleich, wie sich die Seele des Menschen
befinden würde, wenn er wirlich das fühlete was die Geschichte erzählet, alsdann
fieng Raphael an, zu denken, wie der
Mensch sich könnte vor dieser Regung befunden haben, und wie sich diese, worinnen er ihn vorgestellet, zeige, was vor
Glieder er zur Ausführung seines Willens
brauche — diesen gab er alsdann die
meiste Bewegung, die andern aber, welche dazu unnütze waren, ließ er stille, da-

G 2   her

her kömmt es, daß man in Raphael oft
ganz gerade und faſt einfältige Stellun‑
gen ſiehet, die doch eben ſo ſchön an ih‑
rem Orte, als die ſehr rührenden in' ei‑
nem andern Stücke ſind, weil die einfäl‑
tige Geſtalt vielleicht eine Bedeutung hat,
ſo den innern Menſchen, nämlich die
Seele angehet, und die andre, ſtark ge‑
regte, eine geäuſſerte Regung vorſtellen
ſoll: Auf dieſe Weiſe dachte Raphael in
jedem Werke, in jeder Gruppe, Figur,
Gliede, und Gliedesgliede, bis auf die
Haare und Gewänder, wie ich ander‑
wärts ſagen werde. Er zeigete in den Ge‑
ſchichten die innern Regungen, redet bey
ihm jemand, ſo ſieht man, ob er mit
Stille der Seele oder wallend und mit
Zorn rede auch an dem Geſichte; der
Denkende zeiget wie ſtark er denke; in al‑
len Leidenſchaften, ſo ſtarke Bedeutungen
haben, ſiehet man, ob es der Anfang,
Mittel oder Ende der Regung ſey: Es
wäre allein ein Buch von der Bedeutung
Raphaels zu ſchreiben, ich weiß aber daß
das

das wenige so ich sage, genug ist für
die, so selbst nachdenken wollen, für die
aber so sich keine Mühe thun viel zu viel
schon gesaget ist, und sie, das was ich
schreibe nicht begreifen werden; ich schreibe aber nicht vor die Nachläßigen, es
sollen sich auch die Trägen nicht bekla-
gen: Daß sie Raphael nicht kennen könnten, sie müßten denn in Rom seyn; ich
versichere sie (die werden zwar meine
Schriften nicht lesen) daß sie diese Sachen in den Kupfern von Marc Antonio,
Agostin Venetiano, und andern, obschon
geschwächet; wenn sie zu denken wissen,
finden werden; und wenn sie es da nicht
finden, so werden sie es auch weder in
Raphaels Gemählden noch in der Natur
selbst sehen, denn sie sind in diesem Stüke
zur Unwissenheit verurtheilet. Ich sage
also, Raphael ist zum Geschmake der Bedeutung durch diese Betrachtungen gekommen: Er hat alles unbedeutende und unnütze weggelassen, und wenn er es angebracht, so gemacht, daß es zum guten

G 3   Geschmake

Geſchmake ebenfalls ſo nöthig geworden,
wie das Waſſer und Brodt bey einem
groſſen Gaſtmale.

Corregio aber, deſſen Sinn die Gratien erſchaffen, konnte nichts zu bedeuten-
des erdulden, das ſtarke traurige und bedeutende iſt in ihm wie das weinen der
Kinder, ſo gleich wieder zum lachen wird,
ſein grauſames wie der Zorn eines ver-
liebten Mädchens; ſein Geiſt wallete immer in angenehmen Fühlungen, und
ſchlief nie vor das Vergnügen, in allen
Sachen die er vorſtellen ſollte, ward er
nur von dem angenehmen gerühret, das
bedeutende war ihm gleichſam ein Schre-
ken. Er war der erſte der Bilder um einer andern Urſache als der bloſſen Wahrheit willen, erdachte, auch war vor ihm
keiner der den guten Schein eines Bildes, zur Abſicht genommen. Ihm waren die engen Ufer der ſchmalen Umriſſe
ſeiner Vorfahren viel zu ängſtlich, ſeinen
himmliſchen Geiſt darinne einzuſchlieſſen:
Da er die Vergröſſerung der Theile des
Lichtes

Lichtes und Schattens fand, so durch-
brach er, wie ein geschwollener Fluß,
auf diesem Wege die Ufer, und zog seine
Zuschauer mit sich in das weite Meer der
Gefälligkeit — Ja, er hat viele mit sich
gezogen, und durch den angenehmen Ge-
sang seiner Gratien der schmeichelnden
Syrenen, an die Ufer des Irrthums geführet. Denn wer seine Gestalten ohne
sein Gefühl nachahmet, der wird weder
sein noch andrer gutes finden. Corregio
fieng an mit der Nachahmung der Natur
und seiner Meister; er blieb aber nicht
lange dabey, es war ihm ein natürliches
Gefühl alle enge Eken zu vermeiden, in
seiner ersten Idee scheinet es nur, als
hätte er etwas angenehmes erdacht den
Augen vorzulegen, seine Erfindungen sind
nur durch das Gefühl aber nicht durch
Ueberlegung gemachet, er suchete mehr,
seine Figuren auf solche Weise vorzustellen, daß grosse Massen von Licht und
Schatten herauskämen, als daß eine Bedeutung darinne wäre — ausgenommen

eine

eine ſehr liebliche, und ſolche hat er durch
ſein Gefühl oft errathen. Alſo ſchlieſſe
der Maler hieraus, daß Corregio den Geſchmak der Annehmlichkeit beſeſſen, weil
er alles unannehmliche geſtoßen; wo nun
die Annehmlichkeit gut anzubringen iſt,
da iſt Corregio nachzuahmen, wo aber
die Bedeutung ſeyn ſoll, da iſt er ver-
derblich. Ich ermahne aber einen jeden,
daß er ja nicht denke dem Corregio nachzuahmen, wenn er nicht eben ſo wie er
fühlet. Kann der Maler, wenn er er-
findet, erſt ſich ſelbſt in die Natur des
andern den er nachahmen will, gleichſam verwandeln, ſo wird er auch ſeine
Werke eben ſo denken und machen können, ſonſt aber iſt es beſſer, er mache
was er fühlet.

Titian hatte überhaupt wenig Gefühl,
und erſann mehr nach den allgemeinen
Gewohnheits-Regeln, als durch das Gefühl, deswegen iſt er in dieſem Theile
nicht nachzuahmen: Er hat einigemale
die eine und andre Figur ſchön erfun-
den,

den, man kann aber glauben, daß es
mehr von ungefähr als durch wissen ge=
schehen, indem gleich dabey etwas ganz
schlechtes ist.

Betrachtung ꝛc. der Drapperie des R. C. T.

Soll ich nun von den Gewändern etwas
sagen, so werde ich wieder ein Lobspre=
cher Raphaels scheinen; in Falten fol=
gete Raphael erstlich seinem Meister, er
besserte sich durch die Werke des Masac=
ci, noch mehr aber durch Fra Bartho=
lomäo de Sant Marco; endlich verließ
er ganz seiner Meister Schulen da er die
Antiken sah, alsdann gebrauchte er sich
der Regeln der Basreliefen und legete die
natürlichen Gewänder auf diese Weise,
und fand dadurch den besten Geschmak in
Falten: Er sah daß die Antiken die Ge=
wänder nicht als eine Hauptsache sondern
als eine Nebensache angesehen, das na=
kente damit bekleidet aber nicht verstekt,
ihre Figuren nicht mit Lappen, sondern
G 5   mit

mit wirklichen nutzenden Gewändern bedeket hatten, so daß ein Gewand nicht so
klein wie ein Handtuch, oder so groß als
eine Bettdeke, sondern nach jedes Bildes
Stand und Geschäfte gemachet war. Er
sah, daß die Alten die grossen Falten auf
grosse Theile des Cörpers von Menschen,
legeten, und nicht mit Kleinigkeiten die
grossen Theile durchschnitten, und wenn
sie es um der Natur des Gewandes willen thun sollen und müssen, dieselben
Falten so wenig erhaben, so klein macheten, daß sie keine Haupttheile bedeuten
können. Daher machete er die Gewänder auch groß, nämlich ohne überflüßige
Falten, mit ihren Brüchen an den Orten der Gelenke, ohne jemals das Bild
gar durchzuschneiden; die Form seiner
Falten richtete er nach dem nakenden welches darunter war, war das Theil oder
die Muskel groß, so machete er auch eine
grosse Masse; wo die Theile im Vor-
schub oder der Verkürzung kamen, machete er eben die Quantität Falten so auf

dem

dem geraden gewesen wären, aber alle
verkürzet. In seinen besten Zeiten beobachtete er, daß ein Glied in einem freyen
Gewande nur auf einer Seite bezeichnet
seyn darf, doch hat er manchmal auf
beyden nur mit freyen Falten solches bezeichnet; wo die Gewänder frey, nämlich nichts darunter ist, hat er sich wohl
in Acht genommen einer solchen Falte
nicht eben die Grösse oder Form eines
Gliedes zu geben, sondern er bezeichnete
sie durch weite Augen, tiefe Brüche,
oder durch eine dem Gliede ganz unan=
gehörige Form: In seinen Gewändern
hat er nicht alle Falten ausgesuchet, nur
um schöne anzubringen, sondern nur die,
so zur Bezeichnung der darunter sich be-
findenden nakenden nöthig waren, gewählet. Auch hat er seine Formen so
unterschieblich als die Muskeln des Menschen sind, gemachet, doch keine niemals
vierckigt, noch rund, denn die vierekigte
Form ist in Falten, es sey denn, daß
sie zertheilet, und zwey Triangel aus-

mache,

mache, unleiblich: So hat er auch die
Falten des nähern Theiles grösser gemachet als die ferneren, an einem verkürze-
ten Theile keine lange Falten, und an einem langen keine von kurzen Triangeln,
die tiefen Löcher und Einschnitte aber nur
auf das hole gemachet, auch nicht zween
Falten einer Grösse, nebeneinander, weder durch Licht und Schatten in der Er-
hebung, noch in dem Umrisse, auch nicht
von gleicher Form, noch von gleicher
Stärke, angebracht. Seine fliegenden
Gewänder sind bewundernswürdig schön,
man siehet in ihnen, daß sie eine allgemeine Ursache ihrer Regung haben, nämlich die Luft. Sie sind nicht wie seine
andern Gewänder gezogen, oder durch
Last gedrüket, sondern jede Falte ist nur
durch ihre Beschaffenheit gegen die andere
gestellet. Er hat die Rände seiner Gewänder hier und da sehen lassen, und ge-
wiesen, daß seine Figuren nicht in Säke
gekleidet sind. Alle Fälten haben ihre
Ursache, es sey durch ihr eigen Gewicht,

oder

oder durch die Ziehung so von den Gliedern kömmt, manchmal siehet man in ihnen wie sie vorher gewesen, er hat so gar
auch in diesem Bedeutung gesuchet: Man
siehet an den Falten ob ein Bein oder
Arm vor dieser Regung, vor oder hinter
gestanden, ob das Glied von Krümme
zur Ausstrekung gegangen, oder gehet,
oder ob es ausgestreket gewesen und sich
krümmet, auch in dem Hauptvorwurfe
hat er beobachtet, daß die Gewänder allezeit die Glieder, wenn sie dieselben halb
bedeket, halb nakend lassen, schief durch-
schneiden, auch überhaupt die Gewänder
dreyekigte Formen ausmachen, alle Falten aber, wie das ganze, nämlich in
Triangeln liegen. Die Ursache warum
die Falten dreyekigt werden, ist: Daß
ein Gewand allezeit zu einer Ausdehnung
zielet, wenn es also auf einer Seite gezwungen wird sich zusammenzuziehen, so
breitet es sich auf der andern aus. Dadurch werden Triangeln. Wenn ich nun
gesaget, daß Raphael wie die Alten die
Gewän-

Gewänder als Nebensachen angesehen, so saget dieses so viel : Da er erkannte daß der Mensch den sie bedeken, und die Regung seiner Glieder die einzige Ursache und der Grund der Lage und abwechselnden Falten der Gewänder sind, so hat er sie zu Diesen zurükgeführet, nach ihnen eingerichtet, und also nöthig geachtet, Mühe und Wahl in ihnen zu verstekken und unscheinbar zu machen. Und dieses ist genug von ihm, für den der seine Werke betrachten, und mit denselben was ich sage, vergleichen wird.

Wie Raphael alles zum Geschmake der Bedeutung gerichtet, so richtete Corregio auch in den Gewändern alles zur Annehmlichkeit. Er gieng sehr geschwinde von dem Gebrauche seiner Vorfahren ab, und da er meistens nach kleinen Modellen, so er mit Lappen auch wol gar mit Papier bekleidet, malete, so suchete er mehr die Massen und in diesen die Annehmlichkeit, als die Beybehaltung jeder Falte. Deswegen sind seine Gewänder zwar groß
und

und leicht, aber von Falten ſchlecht. Wenn
er einigemale nach der Natur gemalet,
ſo iſt er in der Wahl der Falten nicht
glüklich geweſen, er hat meiſtentheils das
nakende damit verſteket, und durchge=
ſchnitten; die Farben aber der Gewän=
der hat er ſehr ſchön gemachet, mehr=
theils ſaftig, und oft dunkel, ſeinem Flei=
ſche mehr Helle und Schein zu geben.

Titian war, wie in allen Stüken, ſo
von der Nachahmung entſpringen, auch
in dieſem Theile in den Gewändern vor=
treflich. Er hat ſie ſchön gemalet, und
ſehr wahrhaftig, ihre Farben rein und
abſtechend, unter anderm die weiſſen Wä=
ſchen ſehr leuchtend gemachet, alles aber
ohne Wahl der Falten, wie die Natur
es ihm zeigete. Alſo iſt er in dieſem
Stüke nicht nachzuahmen.

Betrachtung ꝛc. der Harmonie des R. C. T.

Nun will ich dieſe drey Meiſter in der
Harmonie betrachten. Wenn ich hier
nicht

nicht um der Ordnung willen, bey Ra=
phael anfienge, so würde ich seiner in
diesem Theile fast schweigen können: Da
er nie auf die Gefälligkeit, sondern nur
auf die Bedeutung bedacht war, so hat
er auch in diesem Theile sehr wenig ge=
than, und wenn er etwas davon in seine
Werke gebracht, so ist es mehr in Unter=
suchung und Nachahmung der Natur,
als durch die Wissenschaft dieses Theiles,
darein gekommen.

Hingegen ist Correggio in diesem desto
grösser: Indem er die Gefälligkeit ·su=
chete, fand er die Harmonie, denn sie
ist die Mutter der Gefälligkeit, und wird
vom sanften Gefühle erzeuget. Wie Cor=
regio nichts allzuabstechendes leiden konn=
te, so ward er groß in der Harmonie,
denn diese ist nichts anderes, als die
Kunst, zwischen zwoen ganz unterschiede=
nen Sachen ein Mittel zu finden, es sey
in Zeichnung, Licht und Schatten, oder
Farben. Correggio, wie ich in der Be=
trachtung der Zeichnung sagete, floh alle

Eken

Eken und machete seine Umriſſe ſchlän-
gelnd, eben dieſes kam vom Geſühle der
Harmonie. Ein Angel iſt ein Zuſam-
menlauf zwoer geraden Linien ohne Mittel; dieſe konnte alſo Corregio nicht leiden, ſondern er ſetzete eine Krümme dazwiſchen, und machete dadurch ſeinen
Umriß harmoniſch. So ſetzte er in Licht
und Schatten und in der Colorite, Mittel zwiſchen jede Theile. Ueberdieſes beobachtete er unvergleichlich beſſer als alle
Maler, daß die Augen nach einiger An-
ſpannung wieder die Ruhe verlangen:
Hatte er auf einen Ort eine ſchöne, und
etwa ſehr mächtige Farbe geſetzet, ſo
brachte er einen groſſen Flek Mittelteint
dazwiſchen, und wenn er wieder zu einem rührenden Orte ſchreiten wollte, ſo
kam er nicht gleich auf dieſelbe Stärke,
wovon er ausgegangen, zurüke, ſondern
mit einem juſten Mittel des ſtarken Ortes
und der Ruhe, führete er die Augen des
Anſehenden wieder ſanfte zu der Anſpan-
nung, ſo daß dieſe das Auge gleichſam

H   erwekete,

erweckte, als wenn man einen Schlafen-
den durch den Klang eines harmonischen
Instruments aufweket, so daß das erwa-
chen ihm mehr eine Entzükung als Stö-
rung seiner Ruhe scheinet. Wenn ich sage, daß Corregio von dem Starken aus
in das Sanfte gegangen, und von diesem auf das Mittlere, so ist es, um zugleich zu lehren, daß man wol gählings
ohne Verdruß mag von der Mühe zur
Ruhe, nicht aber von der Ruhe gählings
zu der Bemühung ohne Verdruß und Wi-
derwillen, geführet werden. Warum ich
also von der Stärke aus rechne, und nicht
eben sowol (wie jemand sagen könnte)
von dem Mittel so ich zuletzt setze, anfange, ist deswegen: Weil die Betrachtung eines Malers allezeit entweder von
dem Vordertheile des Bildes immer hinter gerechnet werden soll, oder von dem
Hauptvorbilde immer nach der Erweiterung. Da nun das starke, schöne, mächtige, allezeit entweder auf dem Vorgrun-
de oder am Hauptorte der Geschichte stehen

hen soll, so rechne ich vom starken aus,
und wie alles um der Haupturfache willen gemachet scheinen muß, so hat der
Maler auf die Hauptsache auch den größten Schein zu legen, und diese Hauptsache folgends durch die Nebensachen zu
zieren. Also soll er in die Hauptsache
die Bedeutung, und in die Nebensachen
die Ruhe bringen. Dieses beobachtete
Correggio auf das vollkommenste in Farbe,
und Licht und Schatten; in der Zeichnung aber mißbrauchete er die Annehmlichkeit und Harmonie. Da aber die
Zeichnung der Theil nicht ist, worinne
die Harmonie am nöthigsten, so ist er zu
entschuldigen — denn wir haben ihm alles Gefällige in der Malerey zu danken,
und vor ihm war keine Harmonie in der
Kunst. Er hat also in diesem Stüke die
Ehre der Erfinder zu seyn, und auch der,
so es in der Ausführung am höchsten gebracht, noch niemals übertroffen worden,
und in dieser Reihe so allein stehet, daß
man ihm niemand vergleichen kann, und

ich

ich von ihm alleine reden würde, wenn
ich nicht versprochen hätte, die drey grof=
sen Lichter durch diese Haupttheile der
Kunst zu betrachten, und zu untersuchen.
Also muß ich auch von Titian reden.

Dieser hatte zwar eine Art Harmonie,
so aber durch die Nachahmung der Na=
tur in seine Werke kam. Es ist jedoch
bey ihm nicht, wie bey Corregio, die
Stafelweise Betrachtung dieses Theiles,
meistens hat er sich durch die Einförmig=
keit geholfen, und dadurch harmonisch
geschienen.

Man mißbrauche aber mein Urtheil
nicht; alles was andre und ich gesaget
haben, sagen, und sagen werden, muß
allezeit mit Vernunft gelesen werden.
Wenn ich von diesen drey grossen Män=
nern sage, daß sie dieses oder jenes nicht
gehabt, so verstehet sich im Vergleich der
andern Theilen so sie besessen, oder im
Vergleich eines andern, so dieses vollkom=
mener gehabt: Eben so ists zu verstehn,
wenn ich von den Schönheiten der andern
grossen

groſſen Leute nichts ſage, oder ſcheine
mit wenig Achtung von ihnen zu reden;
es iſt dieſes nicht mein Wille, ſondern ich
bediene mich dieſer Ausdrüke nur, um
meinen Leſern einen Unterſchied der groſſen Geiſter ſelbſt, zu machen, denn nichts
iſt von menſchlichen Wirkungen ſo vollkommen, daß es nicht vollkommener ſeyn
könnte. Ich führe meine Leſer zu dem
Fluſſe woraus alle Maler getrunken haben, dieſes Waſſer iſt das reineſte; doch
kann das, ſo bey ſeinem Abfalle in Ge-
fäſſe geſammelt wird, auch den Durſt
löſchen. Wenn ich ſage daß alle Maler
nach den obern nur Theile von ihnen gehabt, ſo verſtehe ichs nicht, ſie zu ta-
deln, ſondern nur jene höher zu rühmen.
Eben ſo , wenn ich Raphaels Colorite
und Harmonie table, ſo iſt es nicht geſaget, daß ſie ſchlecht ſey, anders als gegen Correggio und Titian, denn gegen
Michael Angelo , Julio Romano, ja
ſelbſt Caracci, war er in dieſem Theile
ſehr ſchön. Eben ſo verſtehet ſichs von

$\mathfrak{H}$ 3   Zeich-

Zeichnung und Falten des Corregio, denn
gegen Tintoretto in Falten, Rubens und
Jordans im zeichnen, ist er vortreflich.
So ist das Licht und der Schatten des
Titian nur gegen Corregio geringe, gegen aller anderer aber groß zu schätzen.
Eben deswegen sind diese drey, die größten Maler, weil sie in allen Stüken groß,
in einigen Theilen aber, unvergleichlich
und die größten gewesen. Sie haben unterschiedenen Geschmak gehabt, weil sie
unterschiedene Sachen gewählet. Raphael hatte den Geschmak der Bedeu=
tung, Corregio der Annehmlichkeit, und
Titian der Wahrheit. Denn Raphael
wählete aus der ganzen Natur nur das
bedeutende, Corregio nur das angenehme, und Titian begnügte sich mit der
Wahrheit. Weil diese Maler aber, alle
drey die Wahrheit im allgemeinen Begriffe, sucheten, so sind sie einander oft
begegnet; denn alles ist in der Natur,
sowohl das bedeutende als das angenehme, und diese Meister haben diese Theile
nur

nur dadurch zu ihrem unterscheidenden
Geschmake gemachet, weil sie dieselben
nicht wie die Natur, untermengeten,
sondern jeder den seinigen aus dem ganzen wählete.   Fanden sie aber einigemale, durch Nachahmung der Natur, einer einen Theil des andern, ohne daß er
seiner Hauptabsicht entgegen war, so bildeten sie diese Theile, die ihnen nicht eigen waren, schön.   Daher hat Raphael
manchmal fast so angenehm wie Corregio,
und so wahr als Titian gemalet; Corregio einigemale fast so schön, wie Raphael gezeichnet, und so wahr wie Titian
gemalet; Titian auch fast wie Raphael
gezeichnet, und so angenehm wie Corregio gemalet.   Weil dieses aber in allen
dreyen so selten und wenig geschah., und
sich in ihren Werken sparsam findet, so
habe ich ihren Geschmak nach ihren Haupt-
theilen genannt.

Ver-

Vergleichung des Geschmakes der Alten, und ihrer Absichten bey der
Wahl desselben, mit den Mo-
dernen. Beschluß.

Wie nun fast jeder Maler eine besondre Sache gewählet, und in ihr seine
Vollkommenheit gesuchet hat, so haben
es auch die Antiken gethan. Dennoch ist
unter allen denen, so nach der Wiedererfindung der Künste gelebet, eine allgemeine Ursache, und ein einziger Wille
gewesen, nämlich die Nachahmung der
Natur. Diese war ihr Hauptendzwek —
sie sucheten ihn nur durch verschiedene
Wege. Also hatten die alten Griechen
ungeachtet ihrer Verschiedenheit auch eine
Hauptabsicht — aber sie war viel erha-
bener als die Absicht der neuern. Da
ihre Begriffe sich selbst bis zur Vollkommenheit erhöheten, nahmen sie die Mittel zwischen der hohen Vollkommenheit,
und der Menschlichkeit, nämlich die Schön-

heit

heit zur Hauptabsicht, und nur die Bedeutung aus der Wahrheit. Deswegen
findet sich auch die Schönheit in allen ihren Werken, und ist selbst von allen Bedeutungen keine so stark angezeiget, daß
die Schönheit darunter erläge. Darum
getraue ich mir, den Geschmak der Alten, den Geschmak der Schönheit und
der Vollkommenheit nennen zu können;
denn obschon ihre Werke, als von Menschen gemachet, unvollkommen sind, so
haben sie doch den Geschmak der Vollkommenheit; wie der Wein, mit Wasser
vermischet, allemal den Geschmak des
Weines behält, so schmeken auch ihre
Werke, obschon durch die Menschlichkeit
verringert, nach der Vollkommenheit, und
deßwegen heisse ich sie von diesem Geschmake. Die Werke der Alten überhaupt
sind in sich, sehr unterschieden an Güte
und Bedeutung, nicht aber an Geschmake. Es sind drey Hauptclassen der alten
Denkmale; nämlich in allen Statuen so
uns übrig geblieben, sind drey unter-

H 5   schiedene

ſchiedene Grade Schönheit. Die geringſten unter dieſen haben allemal den Geſchmak der Schönheit, nur aber in den
unentbehrlichen Theilen; die vom andern
Grade, haben die Schönheit in den nütz-
lichen Theilen; und die vom höchſten
Grade haben ſie von dem unentbehrlichen
an, bis auf das überflüßige, und ſind deswegen vollkommen ſchön. Wie nun die
Schönheit in ſich ſelbſt nichts anderes iſt,
als die Vollkommenheit jedes Begriffes,
und man deswegen von unſichtlichen Dingen ſowohl, als von ſichtlichen das voll-
kommenſte, ſchön heiſſet, ſo ſind auch die
Werke der Alten eben ſo zu betrachten,
nämlich: Daß ihre Schönheit nicht allezeit in eben demſelben Theile beſtehet,
ſondern nur darinne, daß der Theil den
die Idee erwählet hat, auf das ſchönſte
vorgeſtellet werde. Die ſchönſten von dem
höchſten Grade ſind der Laocoon, und
der Torſo vom Belvedere; die höchſten
vom andern Grade ſind der Apollo,
und der Gladiator vom Borghdeſe; vom
dritten

dritten Grade sind aber unzählbare, von
schlechten rede ich gar nicht. Die grossen
Meister des Alterthums waren in ihren
Begriffen viel höher als die neuern, und
in der Ausführung viel grösser, denn ihre
Begriffe bildeten sie nach der Vollkommenheit, in der Ausführung aber, fol-
geten sie nicht wie die neuern, einem
Theile, sondern dem Ganzen der Natur.
Wie die Neuern in ein Werk eine Absicht
brachten, so brachten die Alten in jedes
Theil die unterschiednen Absichten, nach
welchen das Theil von der Natur erschaffen war. Unter den Neuern liebte Corregio das angenehme, Raphael das bedeutende; nun ist, zum Exempel, die
Senne einer Muskel bedeutender als ihr
Fleisch, so zeigete Raphael die Senne
mehr als das Fleisch, und Corregio das
Fleisch mehr als die Senne an: Die alten Griechen aber eines und das andre,
denn sie erkannten, daß die Senne und
das Fleisch, jedes seine besondre Schönheit hätte. Also haben die Neuern allemal

mal das eine Theil verringert, das an=
dere stärker zu machen, die Griechen aber
thaten dieses nicht, sondern sie veränder=
ten nur diese Theile nach der Bedeutung.
War die Gestalt menschlich, so macheten
sie alles was zu der Eigenschaft eines
Menschen gehöret; war sie aber göttlich,
so liessen sie die Eigenschaften des Men=
schen aus, und wähleten nur die göttli=
chen. So richteten sie sich nach allen Be=
deutungen. So lange sie einen Menschen
bildeten, suchten sie nichts auszulassen,
sondern nur das zu den Bedeutungen nö=
thigste, mehr als das unnöthige sichtbar
zu machen.

Also schliesse ich, daß der Maler, so
den guten, das ist, den besten Geschmak
finden will, aus diesen vieren den Ge=
schmak kennen lernen soll, nämlich: Aus
den Antiken den Geschmak der Schön=
heit; aus Raphael, den Geschmak der
Bedeutung, oder des Ausdrukes; aus
Corregio, den Geschmak der Gefällig=
keit oder Harmonie; aus Titan, den
Geschmak

Geſchmak der Wahrheit oder Farben.
Dieſes alles aber muß er in dem Leben
ſuchen, denn alles was ich hier geſchrieben, und mich deutlich zu machen bemü-
het habe, iſt in der Abſicht geſchehen:
Daß die jungen Künſtler lernen ſollen
die Probierſteine kennen, wornach ſie
ihren eigenen Geſchmak zu beurtheilen
haben, denn die größte Schwierigkeit im
Denken iſt: Sich nicht zu irren. Da nun
dieſe Muſter ſchon von andern groſſen
Leuten ſo oft nachgeahmet worden, und
unter dieſen allen, ſie keiner übertreffen
können, ſo iſt es ſchon eine gegründete
Wahrheit, daß obgeſagte groſſe Meiſter
den rechten Weg der Vollkommenheit genommen.   Darum habe ich mich ihrer
als Exempeln bedienet, ich habe auch den
Weg gezeiget, wie man ſie verſtehen, und
wirklich nachahmen ſoll: Wer fleißig mit
Kopf und Hande arbeiten, und was ich
geſaget, wohl überlegen wird, der wird
ſich einſt ſeiner Arbeit und Mühe freuen,
und den guten Geſchmak finden.